LES DEUX TERREURS

(1871—1793).

LA RÉVOLUTION DE DEMAIN.

DEUXIÈME ÉDITION.

SOMMAIRE :

PRÉFACE.

BRUXELLES,

OFFICE DE PUBLICITÉ,
46, RUE DE LA MADELEINE, 46.

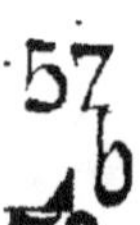

LES DEUX TERREURS

LES
DEUX TERREURS

(1871-1793.)

LA RÉVOLUTION DE DEMAIN.

DEUXIÈME ÉDITION.

BRUXELLES,
OFFICE DE PUBLICITÉ,
46, RUE DE LA MADELEINE, 46.

PRÉFACE.

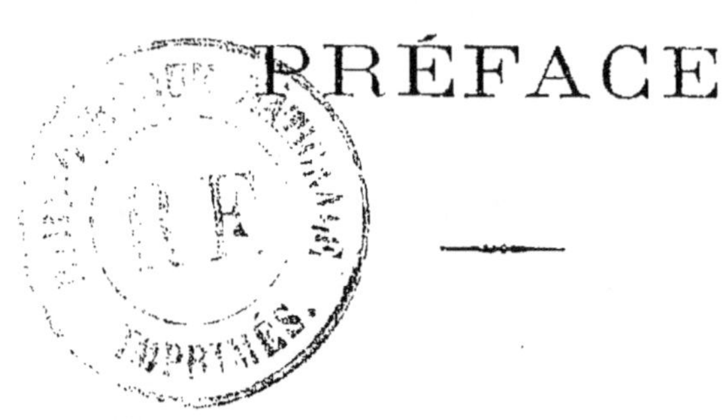

—

Ce n'est jamais sans scrupule de conscience qu'on s'attaque à un ennemi terrassé, qu'il le soit déjà, ou qu'il le doive être demain.

La défaite impose la générosité.

Et il est vraisemblable que les lecteurs nous abandonneraient en chemin, si cette brochure n'était qu'un pamphlet contre ceux qu'avec tant d'autres, ils peuvent croire des hommes politiques, car il est de toute évidence que peu échapperont au châtiment qui leur est réservé.

Conviendrait-il, en ce cas, de les charger?

Non!

Mais précisément notre but est de détruire, preuves en mains, l'erreur trop répandue — surtout à l'étranger — sur le caractère de ces hommes.

Erreur si bien complète, si bien générale, que leurs discours et leurs actes sont discutés, dans les journaux, par des esprits de valeur qui ont la candeur de les prendre si parfaitement au sérieux qu'ils les combattent méthodiquement.

L'habileté narquoise des politiques allemands, et surtout

de leur chef, ne contribue pas peu à accréditer cette erreur, à laquelle ils trouvent profit pour porter de nouveaux coups à cette France, qui, si vaincue qu'elle soit, les occupe encore terriblement.

Eux aussi discutent les théories communalistes des hommes de la Terreur de 1871, heureux de l'effondrement de cette ville où ils n'ont pu entrer qu'avec une réserve extrême.

Mais l'intérêt qu'ils ont à amadouer les provinces conquises, et la sourde rancune qu'ils gardent aux Parisiens de leur humble entrée triomphale, sont de médiocres garants de leur bonne foi.

Ils savent bien, et pour mille raisons, que l'on apprendra, plus tard, que ces théories communalistes, ces revendications apparentes, ne sont qu'un prétexte, qu'un masque obligatoire pour des gens qui ne peuvent vraiment pas dire officiellement :

— « Nous sommes des flibustiers qui voulons jouir à notre guise de la fortune publique. »

C'est pourtant bien là le dessous des cartes, le vrai et l'unique programme, la seule traduction de tout ce que ces individus sans aveu, sans nationalité quelconque, ont dit, ont écrit, et ont prétendu imposer à la bourgeoisie lasse, déroutée et trahie — trahie jusque par elle-même !

Non ! ces individus ne sont pas des hommes politiques, à quelque titre que ce soit; ce sont des malfaiteurs cosmopolites, réunis en assez grande force pour avoir eu raison de la gendarmerie, et qui, retranchés dans un repaire solide, gobelottent et saccagent, emplissent leurs poches et s'enivrent, grâce à des bataillons de combattants naïfs, auxquels, avec de certaines phrases apprises dans les annales révolutionnaires, ils ont persuadé que leur cause est la même.

Et ceux-ci, pauvres dupes, lamentables moutons de Panurge, triste multitude de victimes bafouées, ceux-ci se font tuer comme des chiens serviles; ils condamnent femmes et enfants, vieux parents épuisés par l'âge et le labeur ingrat des villes, ils les condamnent au deuil et à la faim!

Voilà le crime!

Voler la Banque, trafiquer des richesses nationales, cracher sur nos religions, ce n'est rien.

Nos religions sont au-dessus de la bave des bandits.

Les richesses se reforment.

Les volés s'indemnisent.

Mais faire tuer de pauvres diables bornés et crédules, en les entraînant par le mensonge, cela, c'est le fait de Cartouches, de Mandrins; c'est se mettre en dehors de l'humanité tout entière, et c'est ce qui permet qu'on accable quand même ceux que la justice saisira finalement.

Une chose inouïe, c'est que devant ce qui se passe, toutes les nations de l'Europe ne disent pas à la France :

— Nous voilà, prenons-les ensemble!

Car enfin, si demain des voleurs s'introduisaient dans ma maison, les passants écouteraient-ils et discuteraient-ils, en se tournant les pouces, ce que ces voleurs croiraient devoir dire pour établir leur droit de m'opprimer, de me voler?

Point du tout! sans distinction d'opinion, de croyance, de nationalité, ils accourraient à mon secours.

Eh bien, voilà une ville où des voleurs se sont introduits — grâce à quel abandon, mon Dieu! — ils y sont, ils y volent, ils y oppriment, et la presse, et l'opinion publique, et les passants écoutent, pèsent, critiquent — certains approuvent! — le semblant de justification des actes de ces malfaiteurs.

Voyons! sont-ils donc si habiles qu'ils vous dupent à ce point, vous, écrivains, vous, diplomates, vous, lettrés de tous les pays ?

De bonne foi, vous croyez à leur sincérité? Vous croyez qu'ils ont un système; qu'ils défendent une cause, qu'ils revendiquent une réforme sociale, économique ou politique?

L'ignorance des victimes qui combattent de bonne volonté

pour eux ne vous afflige pourtant pas; vous n'avez pas le stimulant de la frénétique épouvante de ceux qui, compromis dans un mauvais pas, sont aveuglés par le désespoir d'en sortir la vie sauve.

Et vous discutez ces proclamations folles, ces décrets insensés, ces mensonges effrontés et bouffons !...

Savez-vous bien ce que vous aurez fait, du moins?

Prenez garde! vous les aurez aidés à trouver des victimes nouvelles, à prolonger la lutte, à se maintenir quelques heures de plus.

Nous nous sommes donné la tâche de dépouiller ces hommes du masque à l'aide duquel ils mystifient le monde, et cela, non pas en substituant notre appréciation particulière et isolée à celle de la presse européenne, mais uniquement par l'examen pur et simple, par l'analyse logique de leurs agissements.

$$1871.$$

—

CHAPITRE I.

———

Si l'on parvient à se dégager de la tristesse qu'imposent
les événements de Paris; si l'on peut ressaisir son sang-froid,
il saute aux yeux deux faits importants, qui sont de nature à
rassurer, tout au moins, sur les suites et sur la portée de ces
effroyables événements.

D'abord, il est de toute évidence que les procédés de la
Commune sont identiquement les procédés du coup d'État
impérial.

Napoléon, ou plus vraiment ses acolytes, n'ont eu qu'un
système pour s'imposer : stupéfier la population de terreur.

La leçon a porté ses fruits :

La fusillade de la place Vendôme est exactement la fusillade du boulevard Montmartre.

Ici et là, des hommes armés et ivres tirent sur des citoyens
sans armes.

L'effet est le même :

Eparpillement du pouvoir établi.

Tentatives isolées et insuffisantes de résistance.

Après la tuerie bonapartiste, quelques députés s'assemblent dans une mairie, espérant qu'on se ralliera autour d'eux.

Après la tuerie communaliste, l'amiral Saisset cherche à rallier des bataillons sous son commandement.

Les deux tentatives échouent également, parce que toutes deux également sont timides et insuffisantes.

De l'une et de l'autre, il résulte des proclamations, une protestation.

Et c'est tout.

Depuis bien longtemps d'ailleurs, les démocrates répétaient cette phrase significative :

— « La république de 1848 a été trop douce (certains disaient trop honnête!). C'est ce qui l'a perdue. L'Empire nous a appris comment on s'établit solidement. »

Cependant, ils maudissaient l'Empire, ils maudissaient ses procédés.

Et ils les imitent !

Est-ce donc qu'ils jouaient une comédie? Non! jamais! Leur sincérité est certaine, incontestable, et c'est pour cela qu'ils sont effroyables, c'est pour cela que la société doit tout sacrifier pour les vaincre.

Tout en imitant les procédés de Bonaparte, ils continuent de flétrir ces procédés de la meilleure foi du monde. Aussi, s'ils imitent, c'est qu'ils ne trouvent pas mieux; voilà tout.

Ces hommes sont d'une ignorance profonde, d'un manque complet d'intelligence; ils ne savent que recommencer ce qu'ils ont vu réussir.

Bonaparte s'est fait Empereur en tuant des inoffensifs; ils tuent des inoffensifs, et leur logique leur dit qu'usant du même moyen, ils doivent forcément arriver au même but : réussir.

Ils n'en voient pas plus long. Et qui donc, quelles lectures, quelles études leur auraient appris que les mêmes causes produisent, presque toujours en histoire, des effets différents?

Que savent-ils de leur propre histoire? Qu'ont-ils lu? Rien.

Ce sont des inconscients, en bas, des médiocrités aigries, en haut.

S'ils avaient le moins du monde étudié, ils sauraient que l'histoire ne se répète jamais; que jamais elle ne peut se répéter.

Et ils se seraient bien gardés, à dix-neuf ans de distance, d'espérer, en copiant les conspirateurs de Décembre, le triomphe de Bonaparte.

Le second fait qui frappe et prouve encore mieux leur insuffisance et leur ignorance, c'est leur acharnement stérile à copier 93.

Eux qui ont tant reproché (et à juste titre) aux avocats de croire suffire à tout avec des mots plus ou moins sonores, ils s'éyertuent, et avec quelle peine! à suffire à tout avec des souvenirs.

C'est sinon leur but, du moins leur idéal; à tel point que s'il leur était démontré que la réussite est plus assurée et plus prompte par un autre moyen, ils hésiteraient à l'adopter, crainte du désorientement.

Ils iraient en aveugles dans une autre voie, tandis qu'ils *savent* la Terreur de 93. Ils s'en sont fait un fétichisme ces hommes qui bannissent tous les cultes, toutes les croyances, toute foi !

Ils *croient* les bannir ; ils *croient* se dérober à la foi. Mais, hélas! l'éducation première est indélébile, et ils ont foi dans la Terreur, comme les cléricaux ont foi dans le droit divin.

Mais voyez ce que c'est que la force des choses, ce que le temps qui s'est écoulé impose aux hommes les plus butés sur un point.

Ils ne croient qu'à la Terreur. Il faut à toute force qu'ils la répètent, et c'est un des leurs qui, aux applaudissements des autres, écrit :

« Le 9 avril, vers neuf heures, le rappel battait dans une partie du 11ᵉ arrondissement, et bientôt le 137ᵉ bataillon prenait position sur la place Voltaire. Après quelques instants d'attente, le public que cette réunion avait attiré, voyait les rangs de la garde nationale livrer passage à quelques hommes accompagnés d'une escouade de gardes nationaux. Ils déposèrent, au centre de l'espace laissé vide, de fortes charpentes, des cordes, des engins divers et une épaisse lame d'acier sur laquelle les regards ne s'arrêtaient pas sans une émotion pénible : c'étaient les différentes pièces composant l'échafaud destiné aux exécutions capitales, ou, pour employer les termes officiels, les *bois de justice*.

Par une inspiration attestant dans la population parisienne un profond sentiment du progrès et de l'adoucissement des mœurs qui caractérisent la civilisation de notre temps, un grand nombre de citoyens du 11ᵉ arrondissement s'étaient rendus rue Folie-Méricourt, au lieu de dépôt de l'instrument de supplice, et s'étaient emparés des charpentes, afin d'en faire, au pied même de la statue de Voltaire, une auto-da-fé auquel applaudirent tous les vrais partisans du Progrès. Le premier acte de la République de 1848 avait été de prononcer l'abolition de la peine de mort; les républicains de 1871 ont voulu reprendre cette idée et lui donner en quelque sorte une sanction matérielle, en brûlant l'échafaud publiquement, au grand jour.

Quand on vit les flammes s'emparer des sinistres charpentes, des applaudissements et des cris de Vive la République! ont éclaté de toute part; on suivait l'œuvre de destruction avec une sorte d'empressement attentif, et plusieurs femmes qui étaient présentes s'approchaient du foyer pour saisir quelque charbon à demi éteint, afin de conserver un témoignage matériel de cette éclatante protestation contre la peine de mort.

Puisse cette hideuse guillotine, que le peuple vient de brûler, ne jamais se relever sur nos places publiques. »

Souveraine raillerie !

Ils *veulent* fermement, au risque de leur vie, recommencer l'œuvre de 93, et forcément ils sont contraints de *vouloir* détruire le seul ressort qui était la force des terroristes !

Et voyez quelle stupéfiante inconséquence, jusque dans les détails :

Ils réprouvent les cultes, et font un holocauste!

C'est à confondre l'entendement.

Mais, encore une fois, voilà pourquoi ces hommes sont épouvantablement redoutables; c'est que, ignorants, dépourvus de la notion de la réalité, ils sont comme tous ceux qui ont fait le malheur de l'humanité : prêtres, rois, réformateurs, ils sont idéalistes. Ils marchent les yeux fixés dans les nuages, poursuivant, le pied dans les entrailles de leurs enfants, une idéalité confuse, insaisissable, qu'ils ne peuvent ni comprendre, ni définir, l'espérance d'une terre promise, par des hallucinés qui l'ont forgée dans la fièvre de la maladie intellectuelle, un rêve; rien!

Rien! ah! voilà le malheur! car s'il leur est impossible d'en donner une définition, il est de même impossible aux autres de leur en démontrer l'absurdité réelle et philosophique.

Et ils se battront, ils se tueront, comme se sont tués papistes et réformés, chrétiens et musulmans, comme tous ceux qui, imbus d'une croyance, et guidés par des fourbes adroits, ont cru sincèrement faire œuvre juste et héroïque de tuer ceux qui avaient un autre idéal en tête, un autre rêve, un autre mot un autre rien !

CHAPITRE II.

Ce n'est qu'après coup que les communalistes sont devenus plagiaires. Au début, ils n'en avaient pas la volonté.

C'est que, malgré tout ce qu'on en peut croire, d'après ce qu'il en a été dit et écrit, leur volonté était non point active, mais bien absolument négative.

Ils ne savaient pas du tout ce qu'ils voulaient; mais ils savaient parfaitement ce qu'ils ne voulaient pas.

Et c'était le plus fermement du monde qu'ils ne le voulaient pas.

Ils ne voulaient du gouvernement du 4 septembre, à aucun prix.

Ils avaient tenté par deux fois de le renverser, au nom de la Commune, deux fois, ils avaient échoué. En l'entreprenant une troisième fois, ils gardèrent le même mot, parce qu'il était tout fait, mais il n'avait plus alors la signification qu'il avait eue d'abord.

Il est important de bien préciser ce point, qui est des plus bizarres et qui démontre qu'après tout, ces gens font de la politique exactement comme en faisait l'Empire : au jour le jour; la politique de l'improvisation !

Pendant le siége, ils voyaient comme tout le monde l'insuffisance du gouvernement des avocats. Ils pressentaient la fin. Et confiants dans les ressources de l'armée de Paris ils espéraient vaincre l'ennemi en remplaçant la Défense Nationale par la Commune de 93.

La Commune alors, ce n'était pas du tout la Terreur ; c'était la résistance à outrance. C'était la prise au sérieux des grandes phrases du Gouvernement du 4 septembre. Et ils sentaient que, pour résoudre Paris à cette résistance obstinée, aux sorties réelles, il n'y avait nullement besoin de l'élément terroriste. Toutes les classes de la société étaient, avec eux, d'accord sur ce point. La garde sédentaire eût marché, sans broncher, tous, jusqu'aux vétérans.

Voilà ce que signifiait la Commune à cette époque.

Plus tard, ce ne pouvait plus être cela. Les préliminaires de la paix étaient signés. Il ne s'agissait plus de résistance à outrance.

Mais le mot était un drapeau désormais, on le connaissait, on en avait l'habitude, on le garda.

Seulement la signification fut absolument autre ; il signifiait :

« Franchises municipales. »

Cette fois encore, l'élément terroriste n'entrait pas dans leur programme. La Terreur ? Pourquoi ? On n'en avait pas besoin. On était au contraire animé de sentiments doux et conciliants ; on ne voulait qu'une chose :

« Vivre de sa vie propre, suffire à ses besoins et les gouverner soi-même. »

La prétention n'avait rien d'exagéré ni de fou ; elle pouvait se concilier avec la complète reconnaissance du pouvoir central, et elle avait de nombreux adhérents.

Avec l'instinct du bon sens qui caractérise le peuple français, et qui l'amènerait aux plus grandes choses, s'il n'était pas, par contre, enclin à se laisser berner et détourner de cet instinct par des intrigants, il comprenait que ces revendications seraient traitées de rêves creux, s'il était sans armes.

C'est pourquoi, possesseur de fusils et de munitions, détenteur de pièces d'artillerie, il ne voulait se dessaisir de rien avant qu'on eût au moins entamé des négociations au sujet des franchises qu'il réclamait.

On sait ce qu'il advint.

L'Assemblée fit la sourde oreille, et pendant que les uns disaient :

— Rendez-nous nos franchises,

Les autres répondaient :

— Rendez-nous les canons.

Versailles crut pouvoir les reprendre purement et simplement.

Et de fait, il les aurait repris aux gardes nationaux, un peu las du service qu'ils faisaient depuis tant de mois, sans un groupe d'hommes décidés... à tout embrouiller plutôt que de ne pas délivrer Paris des préfets à la Haussmann.

Conseil occulte avec qui l'on est fort embarrassé de traiter, car l'on ne sait où le joindre; il suffisait à ces hommes que l'on montrât au pouvoir qu'on était de force à lutter.

Et le conflit de la place Pigale se produisit.

Si le gouvernement régulier avait pris la chose comme les gouvernements précédents avaient pris l'émeute tant de fois jadis, celle-ci eût duré comme les autres, des *jours*, seulement, grâce au concours des bataillons de la bourgeoisie.

Mais il quitta la place.

Dès lors la Commune, prenant en mains l'administration de la ville, fut contrainte et forcée par les événements, par la situation, par la tâche qui lui incombait tout à coup, à sa grande surprise, de recourir aux procédés uniquement révolutionnaires, à l'élément « Terreur » dont jusqu'ici elle était d'autant plus éloignée que, dans les circonstances précédentes, cet élément ne lui eût été d'aucune utilité.

Il faut donc le reconnaître : c'est le gouvernement régulier, c'est le parti de l'ordre qui a donné naissance à l'obligation, pour la Commune, de recourir à la Terreur.

En effet, aucun autre moyen de gouverner, et aucun autre moyen de se dérober à l'obligation de gouverner, à moins d'aller supplier le pouvoir de reprendre sa place.

Mais, en ce cas, c'était abandonner toute revendication ; ce qui n'était pas possible.

Du moment que M. Thiers quittait Paris, il fallait à toute force que les communalistes prissent le gouvernement de Paris, et, le prenant, il fallait à toute force qu'ils gouvernassent par la Terreur; car il était bien certain qu'une grande partie de la population leur ferait obstacle, et que les agents en sous-ordre de Versailles leur en créeraient d'autres à dessein.

Voilà donc qui est certain :

C'est Versailles qui a réduit Paris à gouverner par la Terreur.

Seulement cette Terreur n'était pas forcée, ni par Versailles, ni par elle-même, d'être la parodie de celle de 93.

Seulement encore, cette Terreur n'était pas du tout contrainte d'être diffuse et anarchique, et dès lors sans portée, sans action, quant à la solution du problème, quant au résultat final.

Cette seconde conséquence: l'anarchie et la stérilité, n'était obligatoire que par suite d'une autre cause que nous avons indiquée précédemment : l'ignorance, et l'idéal spiritualiste des chefs du mouvement.

Ce n'est pas le départ de M. Thiers qui est cause des mesures inutiles du Comité.

C'est à sa composition seule qu'il doit s'en prendre de la stérilité de ses efforts, efforts très-puissants durant la lutte, sans doute, mais absolument nuls en fait, quant au but poursuivi.

Ils l'ont oublié, ce but : ces franchises municipales, si ardemment convoitées, si généralement voulues.

Bien plus, ils l'ont compromis et reculé par l'exaspération même de leur résistance.

A leur tour, ils seront cause de la réaction qui suivra; ils seront les auteurs de la Terreur blanche qui ne manquera pas de succéder à leur chute.

Et cela pour une seule raison :

L'insuffisance de vues politiques.

Ils n'ont rien fait qu'à bâtons rompus.

CHAPITRE III.

Nous avons dit plus haut, que le gouvernement régulier fut sur le point de reprendre les armes et les canons de Montmartre et qu'un groupe d'hommes, inconnus encore à ce moment, crut sauver le principe des franchises municipales, en provoquant tout à coup l'effusion du sang.

C'est ce même groupe qui, dans la même pensée, provoque le meurtre du général Lecomte et de M. Clément Thomas, à la rue des Rosiers.

On venait de tirer quelques coups de fusil dans le bas de la butte.

Le 88ᵉ régiment, après avoir mis la crosse en l'air, s'était laissé désarmer et incorporer dans l'émeute.

Durant le premier moment, ce ne fut qu'une fraternisation du peuple et de l'armée, une allégorie pacifique, qui se célébrait chez le marchand de vins. On chantait, on criait, mais l'exaspération était passée.

Il se pouvait fort bien que tout finît là.

Le temps faisait son œuvre et le gouvernement, s'y prenant mieux une autre fois, pouvait se rendre maître de la situation.

A Paris tout est possible.

Voilà ce que craignit ce groupe d'hommes.

Dans leur sein même, certaines défaillances se produisirent, faute de voir clairement une issue.

L'un d'eux — lequel? on ne sait — prit le parti de tout embrouiller, à quelque prix que ce fût.

Mais comment?

Hélas! l'occasion ne tarda pas longtemps.

La nouvelle de la capture des deux généraux arriva.

On sait le reste.

Une fois ces deux victimes jetées entre l'émeute et le gouvernement, il n'y avait plus d'accommodement, d'atermoiement possibles.

Mais qu'on ne s'y trompe pas, ce meurtre ne fut point une provocation lancée à l'Assemblée ni au pouvoir exécutif; il fut exécuté froidement par des hommes qui voulaient acculer leurs partisans.

Plus moyen de reculer désormais. Il fallait marcher en avant, suivre les chefs, quand même.

On avait brûlé ses vaisseaux!

Tel est le véritable caractère de cette infamie, qui n'est encore qu'une répétition du coup de pistolet du boulevard des Capucins de 1848.

Mais, après tout, la parodie bien démontrée partout et toujours, pourquoi s'en étonner? Pouvait-il en être autrement? Impossible : Toute Terreur rouge se produisant en 1871, c'est-à-dire dans l'état actuel et bien connu de l'esprit public en Europe, cette Terreur ne pouvait être qu'une parodie de la première, non-seulement à cause de l'ignorance des chefs du mouvement, mais à cause principalement des hommes qui y avaient recours.

Que sont-ils donc, en effet, ces hommes?

Nous allons le dire :

Ils sont de deux sortes : ceux de la première heure; ceux qui les ont dépassés.

Les premiers, gens bornés, mais convaincus; sans éducation, comme sans grande intelligence, mais relativement probes, en cela que leur objectif n'a pas été leur prospérité personnelle, ont déjà disparu pour la plupart.

Avec eux, on serait resté dans le domaine des revendications de la Commune ; on se serait battu sans doute ; mais on serait resté dans l'élément émeute.

Les autres, au contraire, devaient s'affranchir de tout programme et de tout objectif, par la nature même de leurs antécédents ; car, nous l'allons établir, ce ne sont rien que des malfaiteurs, ni plus ni moins.

Qu'est-ce par exemple, que Cluseret ?

Un homme qui, dans l'armée française, s'est fait mépriser dans les bas grades. Une de ces incapacités hargneuses, affligées de besoins excessifs, ne voyant pas de moyens réguliers d'y satisfaire, et qui s'en prennent à la société.

En temps ordinaire, ces gens-là vont dans les tripots clandestins, et font sauter la coupe. En temps de révolution, ils se font agréer des gouvernements improvisés qui, un peu effrayés de la mission qu'ils se sont octroyée de leur chef, accueillent qui leur promet le triomphe.

Cluseret s'offrit ainsi en tout pays troublé. En Amérique, il parvint plus ou moins régulièrement à un grade de général. En Italie, après s'être offert au Pape, il se faisait également repousser par Victor-Emmanuel.

La Commune devait accepter ses offres de service.

Que lui importe la cause et le drapeau ; il n'y entend rien, seulement. Pourvu qu'il y ait des galons à mettre sur son habit et des fonds à manipuler, voilà tout ce qu'il demande.

On l'a destitué et écroué, parce qu'il n'a même pas eu l'intelligence de tricher habilement. Il offrait de se vendre aux conservateurs.

Voyez Vermorel, d'un autre côté.

Autre incapacité besogneuse qui veut du renom et de l'argent à tout prix. Accusé, par ses dignes collègues, d'avoir été soudoyé par la police de l'Empire, il n'a pu s'en laver, pas plus qu'il n'est parvenu à sortir les mains nettes de la liquidation du journal qu'il avait fondé : *le Courrier français.*

Qu'est-ce encore que Dombrowski?

Quelques journaux ont fait du chef de l'insurrection de Paris un homme doué de facultés extraordinaires, et qui aurait occupé une haute position dans l'armée russe.

Il n'y a rien de fondé dans ces appréciations ; le *citoyen* Jaroslav Dombrowski n'a jamais été qu'une personnalité fort infime, et, en fait de hautes dignités dans l'armée russe, il n'a jamais été au delà du grade d'adjudant sous-officier. Par conséquent, il n'a jamais pu être attaché à la personne du grand-duc Constantin, comme on l'a dit.

En 1862, on le trouve conspirant avec quelques jeunes gens de basse condition, et cherchant à fonder dans l'armée russe une société politique, qui a porté un moment le titre de comité *Zemlia i Wolia* (terre et liberté). Tous les membres de ce comité furent arrêtés, Dombrowski seul échappa à l'enquête. Des affiliés de ce comité recherchèrent même ledit Dombrowski, pour le mettre à mort comme dénonciateur de la société.

Quand l'insurrection éclata en Pologne, Jaroslav Dombrowski offrit ses services au Comité central, qui n'avait pas à ce moment trop d'adhérents et il fut accueilli avec empressement. Le Comité central accorda à Dombrowski le poste d'organisateur de la désertion dans l'armée russe et mit à sa disposition la somme de 6,000 roubles dont il ne rendit jamais compte; il ne parvint pas, du reste, à recruter un seul officier russe pour le service de l'insurrection.

Dombrowski fut arrêté en 1863 et enfermé dans la citadelle de Modlin. Les uns prétendent que le comité central contribua pour beaucoup à son arrestation, à cause du gaspillage des deniers révolutionnaires qui lui avaient été confiés; d'autres soutiennent que Dombrowski se laissa arrêter uniquement pour se poser en martyr et exploiter la bonne foi des Polonais. Cette dernière croyance peut être vraie, car le citoyen Dombrowski, pendant ses quatre mois de captivité, parvint à obtenir des sommes importantes de différents patriotes polonais, plus généreux que clairvoyants.

Condamné à l'internement en Sibérie, Dombrowski s'évada en chemin, ce qui n'est jamais arrivé à un homme désigné comme dangereux aux chefs des convois de prisonniers.

En 1865, Dombrowski, arrivé en France, brigua le poste de membre du comité de l'émigration polonaise, l'obtint et dut se retirer promptement par suite de la constatation d'un déficit dans la caisse de ce comité.

En 1866, il se rendit à Florence, se mit en rapport avec Garibaldi et obtint le droit de former une légion polonaise qui devait seconder l'Italie dans sa lutte contre l'Autriche. — Il fit en conséquence un appel aux souscriptions pour obtenir les fonds nécessaires à l'armement et à l'équipement de sa légion.

Trois jours après Sadowa, Dombrowski avait recueilli 45,000 francs et n'avait encore enrôlé que sept hommes. Il suspendit naturellement ses opérations et on ne l'entendit jamais parler de l'emploi des 45,000 francs.

En 1867, Dombrowski revint en France et fut accusé publiquement, par un réfugié polonais, de fabrication et d'émission de faux billets de la banque de Russie. Il provoqua en duel son accusateur, mais ne se battit point.

En 1869, il fut arrêté avec plusieurs réfugiés sous la prévention d'émission de faux billets de la banque de Russie, mais il put se disculper et obtint le bénéfice d'un acquitte ment en cour d'assises, tandis que ses agents d'émission furent condamnés.

Pendant le siége de Paris, Dombrowski fut enfermé à Mazas, sur une plainte de Suzanne Lagier, qui l'accusa d'entretenir des relations avec l'armée ennemie, précisément au moment où il organisait une légion garibaldienne et recueillait des souscriptions.

Grâce à une dépêche de Gambetta, il fut mis en liberté et partit, en ballon, rejoindre Garibaldi.

Il revint à Paris après l'armistice avec un *passirscheim* (laissez passer), délivré par les autorités allemandes.

Telle est la biographie exacte du commandant en chef des insurgés de Paris.

A côté de ces êtres sans aveu, à qui il faut de la gloriole et de l'argent pour avoir du luxe et des filles, se trouvent les niais farouches et sinistres.

Tels sont Delescluze et Félix Pyat.

Le premier n'est qu'un fou dangereux, atteint de la manie des grandeurs.

Loin d'être un jouisseur, celui-ci, il se complaît dans la simplicité extérieure. Il singe Robespierre, et s'admire.

Il lui faut l'émeute et le trouble pour briller; sa monomanie le rend furieux et l'on doit tout redouter d'un être de cette sorte.

Les autres, on peut les acheter.

Celui-ci, point. Il veut être maître et dominer, rien de moins, rien autre chose pour le satisfaire.

Célibataire, sans affection, sans enfants, il n'avoua jamais qu'une tendresse : sa mère. Mais encore, quelle tendresse !

Il ne faisait même pas pour elle exception à son profond mépris pour les femmes.

Quand elle mourut, comme elle était catholique fervente, elle avait demandé d'aller à l'église.

Delescluze l'y conduisit, mais il resta à la porte du temple.

Voilà l'homme...

Pyat, lui, bien moins redoutable, est un exemple comique de ce que peut donner l'amour-propre d'auteur blessé.

De la politique, du socialisme, il ne sait pas le premier mot et ne s'en soucie guère. C'est un auteur dramatique, pas autre chose.

Malheureusement, il n'avait pas de talent; ses pièces furent sifflées et, comme tant d'autres, il cria à la cabale.

Il voulut que le gouvernement de Louis-Philippe le protégeât contre les gens sans goût qui bâillaient à ses pièces ; mais comme le gouvernement avait mieux à faire que d'envoyer de force les passants à l'Odéon, les pièces de Félix Pyat ne furent pas jouées longtemps, et, comme de raison, il se fit républicain.

Ce vieux déconfit est plutôt un inoffensif, en cela qu'il radote et que dès qu'il est nommé à un poste quelconque, il cesse d'être dangereux, par cela même qu'on s'aperçoit aussitôt de sa stupidité naturelle.

Ainsi voilà les hommes du second jour : des tarés et des nullités.

Il va de soi que les seconds sont menés par les premiers, et ainsi l'on comprend que ces gens, acculés comme ils le sont, certains du sort qui les attend au lendemain de la défaite, pousseront la résistance jusqu'à la dernière extrémité.

Par contre, si le gouvernement de Versailles se refuse absolument à traiter sur n'importe quel pied avec eux il en ressort d'autant mieux que le pouvoir régulier est atrocement coupable d'avoir livré Paris à des sujets de cette espèce, la pire qui se puisse trouver.

En bonne équité c'est un crime, le premier devoir d'un gouvernement étant de protéger la population contre les malfaiteurs.

Il fallait combattre à Paris, quand même. Il fallait crier au secours ; la bourgeoisie fut descendue ; elle ne demandait pas mieux.

Au lieu de cela, ses élus l'ont abandonnée, livrée, sans chefs, sans ordres, au mépris du contrat social, à une bande de fous furieux.

Mais quand Versailles a tenu l'un de ces monomanes : Duval, Henry, d'autres chefs, on les a fusillés ; le terrible mot : « représailles » a été prononcé.

Quelle autre erreur !

On voulait effrayer. Et certes, on y est si bien parvenu, que ceux dont la tête est en jeu, ne pouvant plus douter de ce qu'on leur réserve, feront tout sauter en l'air, plutôt que de se laisser prendre.

Et voilà, encore une fois, pourquoi le gouvernement de Versailles est cause de la terreur qui sévit à Paris.

C'est, qu'en effet, cette terreur date de la première exécution sommaire. On ne croyait pas que le gouvernement de Versailles oserait en venir là. Mais l'y voyant venu, on eut peur, et au lieu de se rendre, on se persuada qu'il n'y avait à espérer ni grâce, ni merci; et l'on se précipita en aveugle dans la lutte à outrance, pensant arriver à composition si, à son tour, on effrayait.

Mais, pour cela, il fallait exaspérer les combattants; on ne recula devant rien. On inventa des détails effroyables, on spécula sur la popularité de Flourens. Sa mort parut trop simple dans sa réalité. Afin qu'elle servît à jeter de l'odieux sur les adversaires, on fit publier cette version *arrangée*, qui a l'air d'une rectification :

« Un témoin *oculaire* donne. sur la mort du colonel Flourens, des détails qui se trouvent être en contradiction flagrante avec tous ceux qui ont été publiés au lendemain de ce tragique événement.

Jusqu'à présent, la version accréditée est celle-ci :

Flourens, se voyant cerné dans la maison où il s'était réfugié, se défendit énergiquement, déchargea son revolver sur les gendarmes qui se précipitaient sur lui, et fut tué dans cette action par le capitaine Desmarets, du 2e régiment de gendarmerie.

La version *vraie* est celle-ci : Flourens, assailli par une cinquantaine de gendarmes, se défendit, tira dans le groupe et blessa un de ses agresseurs; mais, malgré sa résistance, il fut entraîné hors du jardin qui entoure la maison qu'il occupait. Jusque-là il n'avait pas été frappé. Au moment où il franchissait sans escorte la petite porte conduisant à la berge de la

Seine, il fallut passer devant le capitaine Desmarets, qui attendait à cette même porte. Le capitaine avait à la main son sabre nu, et en assena un coup furieux sur la tête du prisonnier. Flourens tomba ; alors un gendarme lui tira un coup de fusil à bout portant.

Les gendarmes prirent le cadavre par les bras, et le traînèrent quelques pas jusqu'à un paillasson roulé ; une portion du paillasson fut déroulée pour couvrir le corps ; pendant ce trajet, la cervelle, s'échappant par l'ouverture béante du crâne, se répandait sur le sable.

C'est de l'homme qui, sur l'avis de l'officier, dut ramasser dans ses mains les débris de la cervelle du malheureux Flourens, que l'on tient ces horribles détails. »

Il fallait bien, à tout prix, faire de Flourens un martyr...

CHAPITRE IV.

Il est de la nature du crime d'épouvanter ses auteurs dès qu'ils l'ont accompli.

De même que Bonaparte — tout autant que son ami Maupas, sinon plus que lui — fut effrayé de son triomphe, les communalistes furent saisis de peur, une fois maîtres de la situation.

Tant qu'ils avaient revendiqué, le cœur était solide : la Commune devait suffire à tout.

Une fois constituée, la Commune eut peur, et n'eut plus qu'une idée : dissimuler cette peur, en ayant l'air de défier l'ennemi.

En veut-on une preuve? Qu'on lise ce compte rendu d'une de ses séances (20 avril) :

« PRÉSIDENCE DU CITOYEN VIARD.

« La séance est ouverte à trois heures dix minutes.

Des questions de stratégie et de mouvements de troupes devant être discutées, l'assemblée se déclare en comité secret.

La séance est reprise, sur la proposition faite par le citoyen Delescluze, à cinq heures.

LE CITOYEN PRÉSIDENT. — Le citoyen Delescluze a la parole pour sa proposition au sujet des délégués des commissions :

« La Commune arrête :

« 1° Le pouvoir exécutif est et demeure confié, à titre provisoire, aux délégués réunis de neuf commissions, entre lesquelles la Commune a réparti les travaux et les attributions administratives ;

2° Les délégués seront nommés par la Commune, à la majorité des voix ;

3° Les délégués se réuniront chaque jour, et prendront, à la majorité des voix, les décisions relatives à chacun de leurs départements ;

4° Chaque jour ils rendront compte à la Commune, en comité secret, des mesures arrêtées ou exécutées par eux, et la Commune statuera. »

Sur quelques observations du citoyen Delescluze et du citoyen Avrial, l'ensemble de la proposition est mis aux voix et adopté.

LE CITOYEN JOURDE — demande qu'on nomme ces services importants.

LE PRÉSIDENT en donne lecture :

Guerre,
Finances,
Subsistances,
Justice,
Instruction publique,
Services publics,
Sûreté générale,
Travail et échange,
Relations extérieures. »

La séance est suspendue cinq minutes.
La séance est reprise à six heures et demie.

LE CITOYEN ANDRIEU. — La proposition que je fais réunit déjà l'adhésion de plusieurs membres. Je propose qu'avant de voter nom par nom, on vote par scrutin de liste, afin de pouvoir connaître les noms les plus sympathiques à l'assemblée; ce sera ainsi un premier degré dans le vote qui permettra d'éclairer sur le second vote.

LE CITOYEN CLÉMENCE. — Je demande qu'avant de passer au vote des divers candidats pour une même fonction, les noms soient annoncés à haute voix.

LE CITOYEN PRÉSIDENT. — Tout cela n'indique pas le mode de vote à employer.

LE CITOYEN RAOUL RIGAULT. — Nous avons décidé tout à l'heure que le vote serait sur chaque fonction par main levée.

Un membre. — Je demande le vote secret.

LE CITOYEN PRÉSIDENT. — Le citoyen Delescluze fait demander si l'on veut signer son bulletin de vote.

Un membre. — Oui, il faut le signer; c'est une bonne pratique à adopter.

LE CITOYEN AMOUROUX. — Il est on ne peut plus nécessaire que chacun signe son bulletin; parce qu'en signant il est responsable de celui qu'il nomme.

Je demande, moi, qu'on ne discute pas brièvement les noms des candidats, parce que ce serait affaiblir plus tard l'autorité des élus.

Je demande encore qu'on vote séparément, parce qu'aujourd'hui nous devons tous nous connaître. (*Oui!*)

LE CITOYEN PRÉSIDENT. — Le vote est ouvert.

Plusieurs membres : Comment vote-t-on ?

LE CITOYEN PRÉSIDENT. — Que ceux qui sont d'avis de voter avec indication du département, veuillent bien lever la main.

Le vote au scrutin de liste est adopté.

LE CITOYEN LEFRANÇAIS. — Le scrutin sera-t-il secret, ou signé ?

(*On décide que le bulletin sera signé. — Bruit. — Appel nominal.*)

LE CITOYEN AMOUROUX. — Le dépouillement se fera par le secrétaire, auquel vous voudrez bien adjoindre un membre.

LE CITOYEN ARNOLD.— Je ne pourrais pas me prononcer, car je ne connais pas les candidats.

Voix. — Eh bien — vous ne vous prononcerez pas!

LE CITOYEN ARNOLD. — Voulez-vous me laisser parler? En deux mots, je demande l'appel nominal, et chaque membre pourra ainsi s'éclairer.

LE CITOYEN AMOUROUX. — Voici le résultat du dépouillement du scrutin.

Ont été nommés pour composer la commission exécutive, les citoyens :

Guerre.	Cluseret.
Finances.	Jourde.
Subsistances.	Viard.
Relations extérieures . . .	Paschal Grousset.
Travail et échange. . . .	Franckel.
Justice	Protot.
Services publics	Andrieu.
Enseignement	Vaillant.
Sûreté générale	R. Rigault.

Il reste à nommer les délégués aux services publics et au travail et à l'échange, la majorité absolue n'ayant pas été atteinte par les candidats.

Il va y être procédé par un vote à main levée.

Il est procédé au vote et sont nommés :

Le citoyen Andrieu, aux services publics,
Et le citoyen Frankel, au travail et à l'échange.

La séance est levée à huit heures moins dix minutes. »

Un autre indice de peur, plus frappant encore, car il ne dissimule en rien celui-ci, c'est l'empressement des gens compromis à se donner des otages contre les représailles.

On sait que les personnes choisies comme offrant le plus de garanties furent surtout des prêtres. On connaît aussi les lettres — lettres forcées — de Mgr. Darboy et Deguerry.

Mais ce n'était pas assez, il fallait être sûr de l'effet produit à Versailles.

Le mercredi, 11 avril, à cinq heures du soir, furent extraits des cellules de la Conciergerie et conduits chez le chef de cabinet du délégué à la sûreté générale, à l'ex-préfecture de police, six ecclésiastiques, arrêtés depuis quelques jours; c'étaient les abbés :

Surat, protonotaire apostolique, archidiacre, grand vicaire de Paris;

Petit, secrétaire général de l'archevêché;

Bertaux, curé de Saint-Pierre-Montmartre;

Levayer, vicaire de la même église;

Dorveau, aumônier des bénédictins de Nancy.

Le chef de cabinet, M. Gaston Dacosta, jeune étudiant de 22 à 23 ans, annonça aux ecclésiastiques qu'il s'agissait que l'un d'entre eux allât porter à Versailles deux lettres écrites l'une par M. Darboy, archevêque de Paris; l'autre par M. Deguerry, curé de la Madeleine, ayant toutes deux pour objet d'inviter le gouvernement de Versailles à empêcher l'exécution des prisonniers après le combat ou l'achèvement des blessés.

Ces lettres, ajouta M. Dacosta, ont été envoyées à Versailles; l'envoyé n'est pas revenu et la réponse n'a pas été faite. Si un d'entre vous veut, à ses risques et périls, se rendre à Versailles, à travers les lignes ennemies, il recevra un sauf-conduit pour traverser nos lignes, et, à l'aide d'un brassard ou drapeau d'ambulance, il cherchera à franchir les postes de l'armée de Versailles.

M. l'abbé Bertaux s'offrit pour cette mission, faisant toutefois observer que sa propre influence serait loin de valoir celle de ses supérieurs hiérarchiques, ici présents. A quoi il fut répondu qu'il n'était pas question d'influence ni de diplomatie, mais d'une mission périlleuse. On avait songé à employer un frère des écoles chrétiennes, mais il semblait plus convenable de confier cette mission à un curé.

Sur les instances de MM. Surat et Deguerry, l'offre de M. Bertaux fut acceptée.

Lecture fut donnée alors de la lettre de M. Darboy. Le chef du cabinet n'avait pas sous la main la lettre de M. Deguerry. Celui-ci déclara s'en rappeler assez exactement les termes pour la reproduire de mémoire, ce qu'il fit, et le chef du cabinet en reconnut tous les termes.

Il fut convenu que le curé de Montmartre partirait le lendemain, jeudi, à six heures du matin.

Les six ecclésiastiques furent réintégrés à la Conciergerie.

Par suite d'événements militaires, c'est seulement le jeudi, à onze heures, que M. l'abbé Bertaux fut mis en liberté provisoire, après avoir signé l'engagement de revenir, sous trois jours, avec une réponse; il emportait, outre un sauf-conduit, une lettre cachetée pour M. Thiers, et une autre pour « les membres de l'Assemblée. »

M. Bertaux partit à pied; il dut suivre la Seine jusqu'à la porte du Point-du-Jour, et de là gagner, toujours à pied, Sèvres, où il parvint sans danger, sinon sans fatigue, et où il monta dans une voiture publique allant à Versailles. Il y arriva un peu après deux heures.

Avec quelque peine, le curé de Montmartre pénétra dans la salle des Pas-Perdus de l'Assemblée, écrivit pour le chef du pouvoir exécutif et pour le président de l'Assemblée, deux billets où il indiquait l'objet de sa mission et sollicitait un entretien.

L'huissier à qui il remit ses missives parut surpris de voir qu'un simple prêtre, aux vêtements poussiéreux, eût la prétention d'arriver ainsi auprès des deux principaux personnages du gouvernement, et ne dissimula pas qu'il y avait peu de succès à espérer.

Tandis que **M.** l'abbé Bertaux attendait, un député vint, demandé par une personne qui, trop impatiente, était partie. **M.** Bertaux profita de l'occasion, aborda **M. G...**, lui exposa la cause de son voyage et le pria de l'introduire auprès de ceux qu'il avait à voir. **M. G...** mit le curé en rapport avec un autre député, **M. de M...**, qui se chargea de la lettre au président et promit son concours pour ménager une entrevue avec **M.** Thiers; puis il fit placer le curé dans une tribune.

Au bout d'une demi-heure, **M. de M...** revint chercher **M.** Bertaux, lui annonça que sa lettre à **M.** Grévy était remise. « Maintenant, dit-il, allons porter l'autre à **M.** Thiers. »

Ils se rendirent, en effet, à la préfecture, où ils furent reçus par **M.** Barthélemy-Saint-Hilaire, qui prit la lettre pour la porter au chef du pouvoir exécutif.

Bientôt **M.** Thiers, la lettre à la main, arriva, et exprima au curé sa surprise qu'un prélat aussi éclairé que **M.** Darboy eût pu croire que le gouvernement traitât de la sorte des prisonniers de guerre et des blessés : « Dites bien, monsieur le curé, ajouta-t-il, dites bien à votre archevêque que nous n'agissons pas ainsi envers des hommes égarés ; que dans la chaleur du combat, nous ne pouvons pas, il est vrai, répondre de malheurs communs à toutes les guerres, mais qu'une fois le combat terminé, les prisonniers et les blessés sont protégés et soignés comme cela se pratique chez les nations civilisées. »

 M. Bertaux fit alors observer qu'il ne pouvait retourner à Paris qu'avec une réponse *écrite*.

« C'est bien certain, monsieur le curé, répondit **M.** Thiers; revenez demain, vous aurez une lettre. »

M. Bertaux retourna à l'Assemblée, et, la séance achevée, fut conduit au cabinet de **M.** Grévy. Le président montrant la suscription de la lettre « aux membres de l'Assemblée, » émit l'avis qu'il y avait là une erreur, et que la lettre s'adressait évidemment au Conseil des ministres; il la remit sous enveloppe avec l'adresse rectifiée.

Le lendemain, vendredi, le curé de Montmartre revint à la préfecture à l'heure du Conseil, envoya sa lettre et attendit une réponse.

Après la séance, il fut introduit auprès de **M. Thiers**, qui tenait la réponse préparée en Conseil, mais dans laquelle, dit-il, il avait à modifier quelques expressions ; que d'ailleurs la lettre serait prête entre une heure et deux.

En effet, à l'heure indiquée, **M. Barthélémy-Saint-Hilaire** remit la réponse, après lui en avoir donné lecture, à **M. Bertaux**, avec un sauf-conduit, pour traverser les lignes de l'armée de Versailles ; il y ajouta des paroles de bienveillance et de bon espoir.

Il était trop tard pour partir le jour même et arriver aux avant-postes à la nuit tombante ou close.

M. l'abbé Bertaux quitta Versailles le vendredi 14, à neuf heures du matin, par la voiture de Sèvres, rentra à Paris par le Point-du-Jour, et à deux heures et demie, se présentait à la préfecture de police, au cabinet de **M. Gaston Dacosta**, entre les mains de qui il déposa la lettre de **M. Thiers**.

M. Bertaux avait devancé de vingt-quatre heures le terme assigné à sa mission.

M. Dacosta porta la lettre de Versailles à **M. Raoul-Rigault**, puis écrivit l'ordre de mettre en liberté « le nommé **Bertaux**. »

Vers quatre heures, le curé de Montmartre était libre, libre d'aller chercher un asile où il pourrait, car son presbytère était changé en corps-de-garde, et le commissaire de police du quartier lui faisait faire défense d'y rentrer, comme aussi d'en retirer le mobilier, qui est pourtant sa propriété personnelle.

Les autres arrestations ont un autre caractère, ce qui fait que nous n'y appuyons pas dans ce chapitre.

Qui ne se souvient de ces deux directeurs de journaux à caricatures, Pilotel et Polo, dont le second fut arrêté et jeté en prison par le premier, ayant pour tout mandat d'arrêt, un révolver comme argument, argument d'ailleurs sans réplique.

Cela n'est que de l'excentricité lugubre, une façon de supprimer la concurrence.

Mais, dans le plus grand nombre de cas, c'est la peur qui domine. C'est la peur qui fait arrêter Bergeret, Lullier, Cluseret et Rossel, et qui contraint ainsi la Commune à imiter Saturne, qui dévorait ses enfants.

Mais ces enfants ne sont pas tous du même tempérament, ni de la même humeur.

Si, d'un côté, Bergeret, jeté en prison, et relaxé de la façon qu'on sait, sort de sa cellule pour venir siéger au comité, en disant (car c'est là la phrase textuelle) :

— Mes enfants, je ne vous en veux pas du tout.

Un autre enfant de la Saturne-Commune entend ne pas se laisser avaler tout cru, et au moment de disparaître dans l'œsophage paternel, il se met en travers :

« Je lis avec étonnement, dit-il, dans le *Journal officiel*, cette note incroyable :

« Il est absolument faux que le citoyen Charles Lullier ait
» reçu un commandement quelconque dans la flottille.

» La Commune ne peut donner de commandement à
» l'homme par la faute duquel, DE SON PROPRE AVEU, le Mont-
» Valérien est entre les mains de l'ennemi. »

Lorsque le comité central me prépara un guet-apens, il donna pour raison la remise par moi d'un sauf-conduit au citoyen Glais-Bizoin, et il en conclut, vis-à-vis des gardes nationaux soudoyés pour m'arrêter, que je devais certainement avoir des intelligences avec Versailles.

Aujourd'hui, il vient de mettre en avant un motif aussi peu plausible que le premier.

Le 20 mars, aussitôt les positions stratégiques à Paris assurées, j'envoyai deux bataillons, le 152ᵉ et le 153ᵉ, pour sommer la forteresse du Mont-Valérien.

Partis à cinq heures de l'Hôtel de ville, ces bataillons arrivèrent à huit heures sur les glacis du fort et communiquèrent la sommation au colonel commandant du fort.

Celui-ci déclara qu'il ne tirerait point sur Paris, mais qu'il était parfaitement décidé à ne recevoir d'autres ordres que ceux du ministère de la guerre. Il avait des armes, des canons, des hommes, et pour vingt-quatre heures de vivres.

Devant cette déclaration les bataillons se replièrent. Qui donc ose prétendre qu'une forteresse comme le Mont-Valérien puisse tomber devant une attaque de tirailleurs, suivie d'une charge à la baïonnette?

Pour réduire la forteresse, il fallait en faire un siége régulier; et où se trouvaient donc à cette époque les moyens? Plus d'officiers d'artillerie, pas d'artilleurs, pas de chevaux, pas de génie.

Si les fortes têtes de la Commune, qui ont osé lancer la note en question dans leur *Officiel*, voulaient un siége en règle, pourquoi ne l'ont-elles pas ordonné depuis?

Quant à enlever le fort avec de l'infanterie, c'est absolument insensé. Les vingt bataillons dispersés par l'artillerie du fort dans leur marche incroyable, comme conception et comme direction sur Versailles, le prouvent surabondamment.

Il n'est pas de ma dignité de descendre à discuter de telles assertions. Celui qui a écrit cette note ridicule, sans oser la signer, est aussi fort dans l'art de la guerre que je puis l'être en liturgie ou dans l'art de dire la messe.

Quant au commandement des canonnières, j'ai posé mes conditions pour l'accepter et, moins que jamais, je ne puis assumer cette responsabilité.

Malgré mes conseils et mes avis incessants, on ne les a point utilisés, et on a laissé détruire le barrage de Suresnes, qui a saigné la Seine de 1 mètre 45 à l'étiage.

Les canonnières sont désormais paralysées; les fortes têtes de la Commune peuvent nommer M. Darboy, M. Duguerry ou l'un des sacristains de ces messieurs, pour le commandement de la flottile. Le résultat à venir sera le même.

Reste à savoir comment les matelots, qui ont joué leur tête dans le mouvement et qui ont le droit de la défendre, prendront la chose. »

« CHARLES LULLIER. »

CHAPITRE V.

La peur est une impression qui change de caractère selon qu'elle est à l'état aigu ou à l'état chronique.

Durant la période chronique, il vint et il devait venir à ces hommes la singulière idée de faire de l'ordre : — L'ordre anarchique !

Que sera-ce ?

Hélas ! comme on ne sait pas ce que c'est, force est de nouveau de remonter à 93 et de s'inspirer des anciens.

Il faut absolument une déclaration de principes, un programme ; les journaux et les combattants l'exigent : pour tant faire que de risquer sa peau, au moins faut-il savoir à peu près pourquoi ; car pour *qui*, le peuple ne le saura jamais, il ne *voudra* jamais le savoir.

La déclaration suivante, écrite en vingt minutes par Vermorel, parut satisfaisante à la Commune, qui, pour le plus grand nombre de ses membres, n'y comprit goutte, surtout lorsqu'arriva le paragraphe où il est parlé d'une « ère nouvelle de politique expérimentale, *positive* et scientifique. »

Pauvre Auguste Comte, qui l'eût dit !...

Il y eut même un violent débat sur la phrase qui traite de la liberté individuelle et de la liberté de conscience. Les comparses, incapables de concevoir le rapport philosophique des choses, confondant le présent tout de trouble avec l'avenir idéal, où les alouettes doivent tomber toutes rôties dans la bouche des travailleurs qui ne feront plus rien, ces comparses, disons-nous, criaient à la trahison.

Quoi donc! la liberté individuelle? C'est-à-dire la liberté de ne pas marcher avec les autres? La liberté d'accaparer les richesses et les approvisionnements sous le vain prétexte qu'on en a hérité, ou qu'on les a acquis à la force du poignet?

Quoi donc, encore! la liberté de conscience? C'est-à-dire le droit de croire à la trinité évangélique, de rebâtir des églises, d'entretenir des curés?

Il fallut qu'on criât comme à des sourds pour les ramener? Ils n'en restèrent pas moins furieux; mais ils permirent, à contre-cœur, qu'on publiât la pièce suivante, qui est un chef-d'œuvre de rouerie naïve :

« COMMUNE DE PARIS.

___

DÉCLARATION

AU PEUPLE FRANÇAIS.

—

» Dans le conflit douloureux et terrible qui menace une fois encore Paris des horreurs du siége et du bombardement; qui fait couler le sang français, n'épargnant ni nos frères, ni nos femmes, ni nos enfants écrasés sous les obus et la mitraille, il est nécessaire que l'opinion publique ne soit pas divisée, que la conscience nationale ne soit point troublée.

» Il faut que Paris et le pays tout entier sachent quels sont la nature, la raison, le but de la révolution qui s'accomplit; il est juste, enfin, que la responsabilité des deuils, des souffrances et des malheurs dont nous sommes les victimes, retombe sur ceux qui, après avoir trahi la France et livré Paris à l'étranger, poursuivent avec une aveugle et cruelle obstination la ruine de la grande Cité, afin d'enterrer dans le désastre de la République et de la Liberté le double témoignage de leur trahison et de leur crime.

» La Commune a le devoir d'affirmer et de déterminer les aspirations et les vœux de la population de Paris; de préciser le caractère du mouvement du 18 mars, incompris, inconnu et calomnié par les hommes politiques qui siégent à Versailles.

» Cette fois encore Paris travaille et souffre pour la France entière, dont il prépare par ses combats et ses sacrifices la régénération intellectuelle, morale, administrative et économique, la gloire et la prospérité.

» Que demande-t-il?

» La reconnaissance et la consolidation de la République, seule forme de gouvernement compatible avec les droits du peuple et le développement régulier et libre de la société.

» L'autonomie absolue de la Commune étendue à toutes les localités de la France et assurant à chacune l'intégralité de ses droits et à tout Français le plein exercice de ses facultés et de ses aptitudes, comme homme, citoyen et travailleur.

» L'autonomie de la Commune n'aura pour limites que le droit d'autonomie égal pour toutes les autres communes adhérentes au contrat, dont l'association doit assurer l'Unité française.

» Les droits inhérents à la Commune sont :

» Le vote du budget communal, recettes et dépenses ; la fixation et la répartition de l'impôt, la direction des services locaux, l'organisation de sa magistrature, de la police intérieure et de l'enseignement; l'administration des biens appartenant à la Commune.

» Le choix, par l'élection ou le concours avec la responsabilité et le droit permanent de contrôle et de révocation, des magistrats ou fonctionnaires communaux de tous ordres.

» La garantie absolue de la liberté individuelle et de la liberté de conscience.

» L'intervention permanente des citoyens dans les affaires communales par la libre manifestation de leurs idées, la libre défense de leurs intérêts : garanties données à ces manifestations par la Commune, seule chargée de surveiller et d'assurer le libre et juste exercice du droit de réunion et de publicité.

» L'organisation de la défense urbaine et de la garde nationale qui élit ses chefs, et veille seule au maintien de l'ordre dans la Cité.

» Paris ne veut rien de plus à titre de garanties locales, à condition bien entendu de retrouver dans la grande administration centrale, délégation des communes fédérées, la réalisation et la pratique des mêmes principes.

» Mais, à la faveur de son autonomie et profitant de sa liberté d'action, il se réserve d'opérer comme il l'entendra, chez lui, les réformes administratives et économiques que réclame sa population, de créer des institutions propres à développer et propager l'instruction, la production, l'échange et le crédit, à universaliser le pouvoir et la propriété, suivant les nécessités du moment, le vœu des intéressés et les données fournies par l'expérience.

» Nos ennemis se trompent ou trompent le pays, quand ils accusent Paris de vouloir imposer sa volonté ou sa suprématie au reste de la nation, et de prétendre à une dictature qui serait un véritable attentat contre l'indépendance et la souveraineté des autres communes.

» Ils se trompent ou trompent le pays, quand ils accusent Paris de poursuivre la destruction de l'Unité française constituée par la Révolution aux acclamations de nos pères, accourus à la fête de la Fédération de tous les points de la vieille France.

» L'unité telle qu'elle nous a été imposée jusqu'à ce jour par l'empire, la monarchie et le parlementarisme, n'est que la centralisation despotique, inintelligente, arbitraire ou onéreuse.

» L'unité politique, telle que la veut Paris, c'est l'association volontaire de toutes les initiatives locales, le concours spontané et libre de toutes les énergies individuelles en vue d'un but commun : le bien-être, la liberté et la sécurité de tous.

» La Révolution communale commencée par l'initiative populaire du 18 mars inaugure une ère nouvelle de politique expérimentale, positive, scientifique.

» C'est la fin du vieux monde gouvernemental et clérical, du militarisme, du fonctionnarisme, de l'exploitation, de l'agiotage, des monopoles, des priviléges, auxquels le prolétariat doit son servage, la Patrie ses malheurs et ses désastres.

» Que cette chère et grande Patrie, trompée par les mensonges et les calomnies se rassure donc ? — La lutte engagée entre Paris et Versailles est de celles qui ne peuvent se terminer par des compromis illusoires; l'issue n'en saurait être douteuse. La victoire, poursuivie avec une indomptable énergie par la garde nationale, restera à l'idée du droit.

» Nous en appelons à la France.

» Avertie que Paris en armes possède autant de calme que de bravoure; qu'il soutient l'ordre avec autant d'énergie que d'enthousiasme; qu'il se sacrifie avec autant de raison que d'héroïsme; qu'il ne s'est armé que par dévouement pour la liberté et la gloire de tous, que la France fasse cesser ce sanglant conflit.

» C'est à la France à désarmer Versailles, par la manifestation solennelle de son irrésistible volonté.

» Appelée à bénéficier de nos conquêtes, qu'elle se déclare solidaire de nos efforts; qu'elle soit notre alliée dans ce combat qui ne peut finir que par le triomphe de l'idée communale ou par la ruine de Paris.

— 44 —

» Quant à nous, citoyens de Paris, nous avons la mission d'accomplir la Révolution moderne, la plus large et la plus féconde de toutes celles qui ont illuminé l'histoire.

» Nous avons le devoir de lutter et de vaincre.

» 19 avril 1871.

» La Commune de Paris. »

Qu'ajouter à cela? Quel commentaire possible?

Cette pièce, sans portée, œuvre d'improvisation, fabriquée en un moment pour donner, après coup, un semblant de but au gâchis que l'on triture dans un ruisseau de boue sanguinolente, ne devait pas plus rester dans le souvenir de ceux pour qui elle a été faite que dans celui de ses rédacteurs.

Personne ne la prit au sérieux ; personne n'y songe plus, et elle en est réduite à figurer ici comme curiosité historique.

Seul, peut-être, Bismark, l'allié pour le moins intentionnel de ces malheureux, a tiré profit de l'idée de franchises municipales qui se dégage par force de cette pièce étrange, pour flatter, chez lui, la croyance de l'abaissement et de la ruine de la France. Mais en dehors de lui, nul effet.

CHAPITRE VI.

Nous avons dit que la peur possédait ces hommes ; nous les avons montrés aiguillonnés par elle, et poussés aux bravades des poltrons, que demain épouvante.

Ils ont crié qu'ils se feront plutôt sauter que de rien rabattre de leurs prétentions, et si, dans ce moment de vertige, on les eût acculés, ils eussent été capables d'exécuter leur menace.

Mais ce lendemain, en tardant, en leur permettant de vivre de la vie ordinaire, c'est-à-dire de quitter la séance, de rentrer chez eux, de dormir, de s'éveiller dans la solitude, les a fait réfléchir malgré eux.

Tel un homme, sous le coup d'une injure, qui irait dans le moment même sur le pré, y batailler avec frénésie, s'il faut qu'il attende une nuit, le lendemain le trouve changé d'humeur.

Hier, il n'eût entendu à rien.

Ce matin, l'instinct de la conservation s'impose à sa conscience.

Ce matin-là est venu à la fin aux plus fougueux des terroristes ; la défaillance se trahit, si habilement qu'on la pare.

Plus d'un cherche à atténuer sa situation en tirant, s'il se peut, son épingle du jeu.

Qui s'y serait attendu ? Félix Pyat donne sa démission !

Voyez dès lors les autres, pâles, affolés, qui disent : « — Non, non ! coquin ! tu as fait le coup avec nous, tu ne nous laisseras pas seuls aux prises avec la police. »

Ne dirait-on pas des bandits sur le banc de la cour d'assises.

Là, du moins, ils ne parodient point leurs devanciers de 93 !.....

Suivons-les pas à pas.

A propos de cette démission, Vermorel s'écrie :

« Citoyens, je crois que la publicité a, en elle-même, sa moralité. Nous avons reçu la démission de Félix Pyat, mais cela ne le dispense pas de la responsabilité des actes auxquels il a participé. Le *Vengeur* d'hier blâme avec force la suppression de plusieurs journaux : je tiens à constater que cette mesure a été approuvée ici par le citoyen Pyat et qu'il en a même, dans une certaine mesure, pris l'initiative. Il faut qu'on le sache, et je demande que mon observation, qui est une observation de moralité politique, soit insérée à l'*Officiel*. »

— Il a fait le coup ! Il en était ! C'est lui qui en a eu l'idée première. Si l'on nous coupe la tête, il faut qu'on la lui coupe à lui aussi.

Ainsi, certains inculpés ont le dernier espoir d'attendrir les juges en faisant des révélations.

Mais un autre, pris de pitié peut-être, ou bien espérant s'échapper par le même moyen, défend celui qu'on charge :

LE CITOYEN RÉGÈRE. — « L'initiative de cette mesure émane de Rigault seul, et je certifie que Félix Pyat y est étranger ; je le constate. »

Mais le premier insiste...

— Il a fait le coup ! Il en était !

Et ils se disputent :

« Les citoyens Vermorel et Régère s'expliquent vivement, » dit le procès-verbal.

Suivez :

LE CITOYEN RÉGÈRE. — « On calomnie des absents.

Plusieurs membres. — Il n'y a pas de calomniateurs ici ! (Assez ! A l'ordre !)

LE CITOYEN PRÉSIDENT. — « Citoyen Régère, je ne puis vous laisser parler ainsi. Nous n'avons pas à revenir sur un incident qui a été vidé par la Commune.

LE CITOYEN MORTIER. — « Il a été décidé, antérieurement, qu'il serait bien convenu qu'aucune démission ne serait admise, et je ne vois pas pourquoi le citoyen Félix Pyat, qui était présent lorsque la mesure sur les journaux a été prise, donne aujourd'hui sa démission.

LE CITOYEN BABICK. — « On a dit ici que toutes les démissions seraient regardées comme des trahisons.

Plusieurs membres. — « Oui, c'est vrai ! »

Oui, c'est vrai ! il a fait le coup ! Il faut qu'il ait notre sort ! Eux-mêmes, ils demandent la tête de leur complice. Pas de pitié. On fournira des preuves contre lui, s'il le faut :

— Non, non, coquin ! tu ne t'en tireras pas tout seul ; tu as fait le coup avec nous !

Un peu plus, ils en donneraient leur parole d'honneur. Suivez toujours.

LE CITOYEN MORTIER. — « On ne doit pas quitter un poste, quand c'est un poste de péril et d'honneur.

LE CITOYEN DEREURE. — « Je crois que le citoyen Régère n'était pas là quand la discussion a eu lieu ; car il saurait, comme nous, que le citoyen Félix Pyat a appuyé la demande du citoyen Rigault, — et il l'a appuyée énergiquement. Il n'a donc pas aujourd'hui le droit de se déjuger, et je trouve extraordinaire que le citoyen Régère prenne ainsi sa défense lorsque toute l'assemblée convient que le citoyen Félix Pyat appuyait énergiquement la motion de Rigault.

LE CITOYEN AMOUROUX. — « Je vais chercher le compte rendu analytique. »

Nous disions bien : voilà les preuves !

LE CITOYEN J.-B. CLÉMENT. — « Voilà mon opinion sur l'incident. Le citoyen Félix Pyat a toujours été, et je ne l'en blâme pas, pour les mesures énergiques ; eh bien, je trouve étrange qu'aujourd'hui il nous accuse, et non-seulement au sujet de la presse, mais il y a dans son journal un blâme au sujet des citoyens. Eh bien, je dis qu'il est indigne du citoyen Félix Pyat de déserter ainsi la cause. Vous avez arrêté des gens pour bien moins. Je demande formellement l'arrestation de Félix Pyat. »

Non-seulement « il a fait le coup » ; mais plus que nous il mérite la corde !

Si on osait, on le battrait !

LE CITOYEN LEDROIT. — « Je demande la parole sur le procès-verbal, avant que l'on passe à l'ordre du jour sur la démission de Félix Pyat. L'assemblée a déclaré que toute démission serait refusée et que l'on ne pouvait recevoir celle de Félix Pyat.

LE PRÉSIDENT. — « Je demande à faire une observation. Le bureau me fait observer qu'on passe à l'ordre du jour pur et simple, attendu qu'un vote antérieur avait déjà décidé que l'on n'accepterait aucune démission.

Un membre. — La Commune a déclaré, dans un vote précédent, qu'elle refuserait toute démission. Elle ne peut donc aujourd'hui se déjuger.

LE CITOYEN MIOT. — « Je demande la parole.

LE PRÉSIDENT. — « Est-ce sur l'incident ?

LE CITOYEN MIOT. — « Non.

LE PRÉSIDENT. — « Alors vous aurez la parole après la clôture de la discussion sur le procès-verbal. »

Mais bah! sauve qui peut!

Écoutez celui-ci maintenant :

LE CITOYEN CLÉMENCE. — « Il est possible que l'on ait pris un vote refusant les démissions; je n'en sais rien, je n'assistais pas à la séance. Je déclare en mon nom que je ne me considère pas comme un déserteur, mais je me réserve expressément ma liberté d'action. Je veux pouvoir donner ma démission quand il me plaira, et toutes les décisions de la Commune n'y pourront rien.

Plusieurs membres. — « Appuyé! »

Appuyé!!...

Tout à l'heure, quand on disait qu'il était impossible de se soustraire à la responsabilité, ils criaient : — Oui, c'est vrai! C'est que celui qui voulait s'y dérober s'y prenait timidement : Haro! sur le baudet.

Cet autre tout crânement dit : Je m'en tirerai s'il me plaît, et vous n'y pourrez rien!

C'est donc chose possible que de se tirer de là? Dès lors : — Appuyé !!

Mais ce n'est pas fini. Allez jusqu'au bout de la séance :

LE CITOYEN AVRIAL. — « Je demande que la commission chargée de l'enquête sur l'arrestation du général Bergeret nous apporte son rapport; il n'est pas possible que nous laissions sous les verrous un homme qui, dans l'opinion actuelle de cette assemblée, n'était pas coupable.

LE CITOYEN PROTOT. — « La commission doit vous présenter son rapport. Elle attendait des renseignements, ils ont été très-peu nombreux, et je crois que vous adopterez les conclusions de la commission, qui sont la mise en liberté de Bergeret.

Voix diverses. « Au vote! au vote!

LE CITOYEN PROTOT. — « Eh bien, que l'on mette aux voix les conclusions de la commission d'enquête, que le citoyen Langevin, secrétaire de la commission, ne désavouera pas.

On demande la mise aux voix des conclusions de la commission d'enquête sur l'affaire Bergeret.

Plusieurs membres demandent qu'on vote sur la mise en liberté immédiate.

Cette proposition est adoptée, et la mise en liberté immédiate est votée à l'unanimité (Bravos.)

LE CITOYEN RAOULT RIGAULT. — « Je demande que le citoyen Pindy soit chargé d'aller lui-même chercher le citoyen Bergeret.

(Cette motion est adoptée.) »

C'est qu'un revirement s'est produit. Ils ont pensé que Bergeret détenu devenait une victime, et qu'ils lui faisaient la part trop belle; qu'il pourrait échapper, lui, peut-être!

— Non, non coquin! Tu en étais aussi! Tu as fais le coup; tu suivras notre sort. »

Ils ont peur !...

CHAPITRE VII.

Tout se trouve ici, même la farce.

Pendant le siége de Paris, par les Allemands, quantité de fous offrirent et développèrent des systèmes de toute sorte pour sauver la ville. Mais il n'y eut pas que des fous; il y eut aussi des imbéciles, des spéculateurs.

Dans le tas, le citoyen Gustave Courbet se distingue par une proposition bouffonne au suprême degré. Il voulait qu'on déboulonnât la colonne Vendôme. Un éclat de rire répondit à cette idée saugrenue du plus habile puffiste de la corporation des peintres.

Et il n'en fut plus question.

Sous le régime des communeux, autre accueil devait nécessairement être fait à une telle proposition; car ces gens ne sont terroristes que par circonstance. Plagiaires jusqu'en leur déclamation, chez eux le grotesque s'allie à l'horreur, à certains moments. Courbet devait être en faveur près d'eux. C'est que Courbet avait donné des gages à cette démocratie-là. N'avait-il pas été l'ami de Proudhon? De quoi il avait abusé en faisant un dessin hideux du pauvre homme à son lit de mort : dessin qui se vendit fort bien par exemple!

Point important, pour l'aimable Courbet !

N'avait-il pas aussi refusé la croix, qu'un ministre lui avait offerte, s'appuyant officiellement sur son ignorance parfaite des choses d'art.

Courbet, après cela, devait être l'artiste de la Commune. Il le fut effectivement, et les honneurs qu'il avait refusés du tyran, lui tombèrent dru comme grêle sous le règne de ceux qui n'ont presque rien de tyrannique en leurs agissements, comme on peut voir...

Le voilà donc nommé président des artistes de la Commune. Quel honneur! Ce ne serait rien; mais le bon compère n'est pas seulement un peintre, c'est aussi un orateur, qui voudrait bien être *honorable*. Aussi assemble-t-il les artistes un beau jour, et n'y allant pas par quatre chemins, il leur dit :

« La revanche est prise. Paris a sauvé la France du déshonneur et de l'abaissement. Ah! Paris! Paris a compris, dans son génie, qu'on ne pouvait combattre un ennemi attardé avec ses propres armes. Paris s'est mis sur son terrain, et l'ennemi sera vaincu comme il n'a pu nous vaincre. Aujourd'hui Paris est libre et s'appartient, et la province est au servage. Quand la France fédérée pourra comprendre Paris, l'Europe sera sauvée.

» Aujourd'hui, j'en appelle aux artistes, j'en appelle à leur intelligence, à leur sentiment, à leur reconnaissance: Paris les a nourris comme une mère, et leur a donné leur génie. Les artistes, à cette heure, doivent, par tous leurs efforts (c'est une dette d'honneur), concourir à la reconstitution de son état moral et au rétablissement des arts qui sont sa fortune. Par conséquent, il est de toute urgence de rouvrir les musées et de songer sérieusement à une exposition prochaine; que chacun, dès à présent, se mette à l'œuvre, et les artistes des nations amies répondront à notre appel.

» La revanche est prise, le génie aura son essor; car les vrais Prussiens n'étaient pas ceux qui nous attaquaient d'abord. Ceux-là nous ont servis, en nous faisant mourir de faim physiquement, à reconquérir notre vie et à élever tout individu à la dignité humaine

» Ah! Paris, Paris la grande ville, vient de secouer la poussière de toute féodalité. Les Prussiens les plus cruels, les exploiteurs du pauvre étaient à Versailles. Sa révolution est d'autant plus équitable, qu'elle part du peuple. Ses apôtres sont ouvriers, son Christ a été Proudhon.

» Depuis dix-huit cents ans, les hommes de cœur mouraient en soupirant, mais le peuple héroïque de Paris vaincra les mystagogues et les tourmenteurs de Versailles, l'homme se gouvernera lui-même, la fédération sera comprise, et Paris aura la plus grande part de gloire que jamais l'histoire ait enregistrée.

» Aujourd'hui, je le répète, que chacun se mette à l'œuvre avec désintéressement : c'est le devoir que nous avons tous vis-à-vis de nos frères soldats, ces héros qui meurent pour nous. Le bon droit est avec eux. Les criminels ont réservé leur courage pour la sainte cause.

Oui, chacun se livrant à son génie sans entrave, Paris doublera son importance, et la ville internationale européenne pourra offrir aux arts, à l'industrie, au commerce, aux transactions de toutes sortes, aux visiteurs de tous pays, un ordre impérissable, l'ordre par ses citoyens, qui ne pourra plus être interrompu par les ambitions monstrueuses de prétendants monstrueux.

» Notre ère va commencer; coïncidence curieuse, c'est dimanche prochain, le jour de Pâques; est-ce ce jour-là que notre résurrection aura lieu?

» Adieu le vieux monde et sa diplomatie. »

Sans y mettre de parti pris, il est clair que ce président a juste autant de talent en éloquence qu'en peinture ; le style et le goût sont les mêmes ici et là. Et ne croyez pas que sa parole ne soit pas autorisée. Il parle ainsi officiellement, en vertu d'un décret qu'il est bon de conserver :

» La Commune de Paris,

» Autorise le citoyen Gustave Gourbet, président des peintres, nommé en assemblée générale, à rétablir, dans le plus bref délai, les musées de la ville de Paris dans un état normal, d'ouvrir les galeries au public et d'y favoriser le travail qui s'y fait habituellement.

» La Commune autorisera à cet effet les quarantes-six délégués qui seront nommés demain jeudi, 13 avril, en séance publique, à l'Ecole de médecine (grand amphithéâtre) à deux heures précises.

» De plus, elle autorise le citoyen Courbet, ainsi que cette assemblée, à rétablir, dans la même urgence, l'exposition annuelle aux Champs-Elysées.

» Paris, le 12 avril 1871.

» *La Commission administrative,*

Avrial, F. Cournet, Delescluze, Félix Pyat, Tridon, Vermorel, Ed. Vaillant. »

C'est un chef d'œuvre !

Mais rétablir l'exposition, relever le niveau de l'art, est-ce bien vraiment de cela qu'il est question ?

Erreur !

Le but est d'arriver au rêve de Courbet, et ce rêve le voilà enfin réalisé par le décret suivant :

« La Commune de Paris,

» Considérant que la colonne impériale de la place Vendôme est un monument de barbarie, un symbole de force brutale et de fausse gloire, une affirmation du militarisme, une négation du droit international, une insulte permanente des vainqueurs aux vaincus, un attentat perpétuel à l'un des trois grands principes de la République française, la fraternité,

» **DÉCRÈTE :**

» *Article unique.* — La colonne de la place Vendôme sera démolie.

» Paris, le 12 avril 1871. »

Cependant pourquoi tant d'acharnement contre cette colonne ? Courbet est-il donc vraiment un philosophe, ou un ennemi personnel des Bonaparte. Non mille fois ! M. Courbet, peintre sans grand talent, mais avide de bruit, de réclame et de célébrité, n'a vu là qu'une occasion d'attacher son nom à quoi que ce soit de mémorable, rien de plus ! Les Parisiens se soucient probablement fort peu d'une colonne de plus ou de moins ; mais il n'en est pas moins blessant qu'ils soient ainsi à la merci d'un individu ivre de publicité, qui n'est surtout connu chez eux que par sa sottise, ses puffs, et l'aimable habitude qu'il a de se souler de bière.

Peut-être s'en sont-ils aperçu ; peut-être ont-ils cru devoir faire semblant de prendre à cœur la question artistique. De fait, la colonne déboulonnée, sacrifiée, détruite — ils en sont venus — et ça ne pouvait pas manquer ! — à la *Fédération des artistes.*

Ah ! la fédération ! Combinaison supérieure, panacée universelle qui va relever le niveau de l'art moderne, de la peinture s'entend, cet art qui domine tous les autres. C'en est fait : d'autres Rubens, d'autres Michel-Ange vont surgir, et comment pourrait-il en être autrement. Lisez plutôt :

FÉDÉRATION DES ARTISTES DE PARIS.

« Les artistes de Paris adhérant aux principes de la République communale se constituent en fédération.

» Ce ralliement de toutes les intelligences artistiques aura pour bases :

» La libre expansion de l'art, dégagé de toute tutelle gouvernementale et de tous priviléges.

» L'égalité des droits entre tous les membres de la fédération.

» L'indépendance et la dignité de chaque artiste mises sous la sauvegarde de tous par la création d'un comité élu au suffrage universel des artistes. Ce comité fortifie les liens de solidarité et réalise l'unité d'action.

Constitution du comité.

« Le comité est composé de 47 membres représentant les diverses facultés, savoir :

16 peintres,
10 sculpteurs,
5 architectes,
6 graveurs et lithographes,
10 membres représentant l'art décoratif, nommé improprement art industriel.

» Ils sont nommés au scrutin de liste et au vote secret.

» Ont droit de prendre part au vote les citoyens et citoyennes qui justifient de la qualité d'artistes, soit par la notoriété de leurs travaux, soit par une carte d'exposant, soit par une attestation écrite de deux parrains artistes.

» Les membres du comité sont élus pour une année.

» A l'expiration du mandat, quinze membres, désignés par un vote secret du comité, resteront en fonctions pendant l'année suivante, les trente-deux autres membres seront remplacés.

» Les membres sortants ne peuvent être réélus qu'au bout d'une année d'intervalle.

» Le droit de révocation peut être exercé contre un membre

qui ne remplit pas son mandat. Cette révocation ne peut être prononcée qu'un mois après que la demande en a été faite, et, si elle est votée en assemblée générale, à la majorité des deux tiers des votants.

» *Détermination du mandat.*

» Ce gouvernement du monde des arts par les artistes a pour mission :
» La conversation des trésors du passé ;
» La mise en œuvre et en lumière de tous les éléments du présent ;
» La régénération de l'avenir par l'enseignement.

» *Monuments, musées.*

» Les monuments, au point de vue artistique, les musées et les établissements de Paris renfermant des galeries, collections et bibliothèques d'œuvres d'art, n'appartenant point à des particuliers, sont confiés à la conservation et à la surveillance administrative du comité.
» Il en dresse, conserve, rectifie et complète les plans, inventaires, répertoires et catalogues.
» Il les met à la disposition du public pour favoriser les études et satisfaire la curiosité des visiteurs.
» Il constate l'état de conservation des édifices, signale les réparations urgentes, et présente à la Commune un compte-rendu fréquent de ses travaux.
» Après examen de leur capacité et enquête sur leur moralité il nomme des administrateurs, secrétaires, archivistes et gardiens, pour assurer les besoins du service de ces établissements et pour les expositions, dont il sera ultérieurement parlé.
» Il les révoque pour cause de négligence, mauvaises gestions ou malversations constatées.

» *Expositions.*

» Le comité organise les expositions communales, nationales et internationales ayant lieu à Paris.

» Pour les expositions nationales ou internationales qui n'ont pas lieu à Paris, il délègue une commission chargée des intérêts des artistes parisiens.

» Il n'y admet que des œuvres signées de leurs auteurs, créations originales ou traductions d'un art par un autre, telle que la gravure traduisant la peinture, etc.

» Il repousse d'une manière absolue toute exhibition mercantile, tendant à substituer le nom de l'éditeur ou du fabricant à celui du véritable créateur.

» Il n'est pas décerné de récompenses.

» Les travaux ordinaires commandés par la Commune seront répartis entre les artistes que les suffrages de tous les exposants auront désignés.

» Les travaux extraordinaires sont donnés au concours.

» *Enseignement.*

» Le comité surveille l'enseignement du dessin et du modelage dans les écoles primaires et professionelles communales, dont les professeurs sont nommés au concours ; il favorise l'introduction des méthodes attrayantes et logiques, estampille les modèles, et désigne les sujets chez lesquels se révèle un génie supérieur, et dont les études doivent être complétées aux frais de la Commune.

» Il provoque et encourage la construction de vastes salles pour l'enseignement supérieur, pour des conférences sur l'esthétique, l'histoire et la philosophie de l'art.

» *Publicité.*

» Il sera créé un organe de publicité intitulé : *Officiel des arts.*

» Ce journal publiera, sous le contrôle et la responsabilité du comité, les faits concernant le monde des arts et les renseignements utiles aux artistes.

» Il publiera les comptes rendus des travaux du comité, le procès-verbal de leurs séances, le budget des recettes et dépenses, et tous les travaux de statistique apportant la lumière et préparant l'ordre.

» La partie littéraire, consacrée aux dissertations sur l'esthétique, sera un champ neutre ouvert à toutes les opinions et à tous les systèmes.

» Progressif, indépendant, digne et sincère, l'*Officiel des arts* sera la constatation la plus sérieuse de notre régénération.

» *Arbitrages.*

» Pour toutes les contestations litigieuses relatives aux arts, le Comité, sur la demande des parties intéressées, artistes ou autres, désigne des arbitres conciliateurs.

» Dans les questions de principe et d'intérêt général, le Comité se constitue en Conseil arbitral, et ses décisions sont insérées à l'*Officiel des arts.*

» *Initiative individuelle.*

» Le Comité invite tout citoyen à lui communiquer toute proposition, projet, mémoire, avis ayant pour but le progrès dans l'art, l'émancipation morale ou intellectuelle des artistes, ou l'amélioration matérielle de leur sort.

» Il en rend compte à la Commune et prête son appui moral et sa collaboration à tout ce qu'il juge praticable.

» Il appelle l'opinion publique à sanctionner toutes les tentatives de progrès, en donnant à ces propositions la publicité de l'*Officiel des arts.*

» Enfin, par la parole, la plume, le crayon, par la reproduction populaire des chefs-d'œuvre, par l'image intelligente et moralisatrice qu'on peut répandre à profusion et afficher aux mairies des plus humbles communes de France, le Comité concourra à notre régénération, à l'inauguration du luxe communal et aux splendeurs de l'avenir et à la République universelle. »

> « G. COURBET, MOULINET, STEPHEN MARTIN, ALEXANDRE JOUSSE, ROSZEZENCH, TRICHON, DALOU, JULES HEREAU, C. CHABERT, A. DUBOIS, A. FALEYNIÈRE, EUGÈNE POITIER, PERRIN, A. MOULLIARD. »

Et que dites-vous, non des dispositions de ce décret, mais de ces gens qui vont galvaniser l'art, et lui rendre sa splendeur. Hein! quelle garantie, que le célèbre Moulinet! l'illustre Jousse! et Trichon, et Dalou! et Moulliard, le doux, le fort, le majestueux Moulliard! Vous comprenez que si Moulliard en est, que dis-je, s'il en répond, l'art est sauvé. Un nouveau soleil se lève. Oh! France, la Renaissance recommence. Heureux pays.

Gloire à Moulliard!

1793.

—

CHAPITRE I.

———

Maintenant que nous avons, pour ainsi dire, suivi pas à pas, les piètres terroristes de l'an de grâce 1871 ; maintenant que nous les avons vus à l'œuvre, ces pygmées singeant des géants ; maintenant que nous en avons fini avec les communiers, communistes et communeux, l'instant est venu de remettre en scène leurs modèles et de refaire, en quelques pages, le résumé succinct de cette Terreur primitive de quatre-vingt-treize, à laquelle — n'en déplaise aux terroristes modernes — on ne songe point sans frémir.

Raconter les principaux actes de la vie politique des instigateurs de septembre, des massacreurs par principe — avant d'être eux-mêmes massacrés par sécurité — c'est refaire, en bien des points, l'histoire de la Commune, mais c'est aussi, et surtout, montrer combien celle-ci fut coupable sans but et brutale sans objet...

C'est remettre les hommes de 1871 à la place qui leur convient, c'est les rabaisser une fois de plus au vulgaire niveau des simples malfaiteurs.

Nous avons dit que leur rang social était tel, et non autre ; nous avons tâché de le démontrer.

Les pages qui suivent corroborent simplement les éléments justificatifs de la thèse qui est nôtre.

Cynique tyrannie d'un côté, indigne faiblesse de l'autre : toute la Terreur de 1792-93 est là.

Bien plus : là est le principe élémentaire de toute Terreur passée, présente et future.

Nous avons vu ce petit groupe d'aventuriers, venant on ne sait d'où, s'emparer l'autrefois du pouvoir à Paris, et s'ériger en gouvernement d'occasion, en dépit de la majorité indignée.

Dès que ces étranges gouvernants ont tenu une ombre de pouvoir, qu'ont-ils fait d'abord ?

De l'arbitraire, de l'arbitraire et encore de l'arbitraire !

Cela vaut bien l'*audace* de Danton.

Une fois le pouvoir usurpé par la violence, la voie est toute tracée à l'usurpateur : la dictature.

Dictature civile ou militaire, dictature d'un comité, d'une assemblée ou d'un homme, les moyens peuvent être différents : la chose reste.

En fait de *moyens*, la dictature n'en connaît qu'un ; par exemple, il est énergique... C'est la suppression radicale de tout élément dissident qui entrave sa marche et fait opposition, soit matérielle, soit morale, à ses agissements.

Toute minorité qui s'impose doit être d'autant plus violente que la majorité témoigne de plus de lâcheté ou de faiblesse.

Les hommes du Palais-Royal l'avaient compris avant ceux de Montmartre et de Belleville. Ceux-ci comme ceux-là frappent de grands coups et minent sans relâche la société, inerte et comme frappée de paralysie totale, en attendant qu'ils la fassent sauter, si le temps leur en est donné.

Plus la minorité souveraine commet d'exactions inqualifiables, plus son audace est grande plus ses actions sont brutales et dénuées de tout sens moral et plus elle affirme ainsi son pouvoir, sinon aux yeux de ses adversaires, du moins aux siens.

Que fait pour lors la majorité qui, en un jour de faiblesse inepte, s'est laissé enlever, par surprise, le septre du pouvoir légal et naturel?

La majorité prend peur. Elle n'avait été que faible, elle devient lâche et courbe la tête.

C'est la Terreur...

Et ainsi nous voyons la France, en 1871 comme en 1793, démoralisée et battant la campagne.

Si nous ouvrons aujourd'hui l'histoire de France, aux pages teintes de sang de la plus épouvantable des révolutions sociales, nous pouvons suivre, pour ainsi dire, chapitre par chapitre, les événements du jour dans le livre de jadis.

1871 est un décalque servile et vulgaire, on l'a vu au courant de ces pages.

Maintenant comme alors, nous vivons sous le régime de la Terreur... La fusillade contre les murs a simplement remplacé la guillotine de la Place de Grève.

Rien n'est moins légal, rien n'est plus arbitraire que la Terreur. Aussi ne s'incarne-t-elle pas en une juridiction ordinaire, régulière; elle s'improvise le 29 mars 1871 comme le 10 mars 1793.

Rien n'y manque, ma foi! pas même le Comité de *salut public!*

La Terreur, en 1793, fut organisée le mieux du monde. Elle était régie par le Tribunal révolutionnaire.

Ce tribunal ne juge pas, il condamne! Pourquoi juger puisqu'il suffit d'être suspect pour être coupable? Pourquoi juger puisque le mot d'ordre est de *prévenir* les crimes, et qu'il faut punir les attentats imaginaires pour qu'ils ne soient pas commis? La justice peut être clémente : la justice peut discuter... La Terreur *doit être* cruelle, inique, stupide.

Sinon s'imposerait-elle?

Dans le Tribunal révolutionnaire, antichambre de l'échafaud, boudoir du meurtre, les jurés ne sont qu'un décor, une tapisserie à personnages, comme on en voyait jadis; le défenseur n'est qu'un comparse engagé pour jouer les *inutilités*. Quant aux juges, ce sont de simples mécaniques automatiques qui se remontent matin et soir et disent « oui » quand on presse le ressort. Chaque « oui » est une tête qui tombe. Cela seul suffirait à rendre lugubre ce Guignol de la Révolution...

Il n'y a guère que deux acteurs qui occupent sérieusement la scène : le pourvoyeur et le bourreau ! Celui qui amène les victimes et celui qui les fait disparaître.

Le premier parle peu : d'un geste il désigne la tête à couper; le second, qui ne parle pas du tout, d'un geste l'abat.

L'un s'appelle Fouquier-Tinville, l'autre Sanson.

Tout le Tribunal révolutionnaire est là.

Nous allons maintenant voir défiler à sa barre, passant fugitifs comme les ombres chinoises sur l'écran, les victimes de Fouquier, les patients de Sanson.

Avant tout, lugubres mystifiés de la Terreur dont ils s'étaient faits les sanglants mystificateurs.

CHAPITRE II.

C'est d'abord Robespierre.

A tout seigneur, tout honneur...

On connaît de reste la vie et la mort de Robespierre.

C'est donc plus son portrait moral que son histoire que nous voulons retracer ici.

Comme Danton, Robespierre fut victime de la réaction que leurs violences et celles de leurs collègues devaient fatalement amener et qui devaient, non moins fatalement, frapper les terroristes avant tout.

Robespierre fut égorgé, au nom de cette réaction, sincère ou feinte, de justice ou de pitié, par ses anciens complices, dont la libératrice hardiesse fit oublier les crimes et que les larmes de la France reconnaissante lavèrent — sauveurs indignes ! — de leurs ignominies.

Robespierre la vit venir cette réaction qui allait, tout à l'heure, exécuter les exécuteurs et dresser l'échafaud pour les bourreaux eux-mêmes ; mais il n'eut ni l'habileté de suivre nettement le courant nouveau, ni la force de lui résister.

Dès le mois de juin 1794, Robespierre cherche à rompre timidement avec la cruauté et l'athéisme. Il « lâche d'un cran » le Comité de salut public, lui son fondateur, et s'abstient de paraître à ces meurtrières délibérations.

Bien mieux, il cherche à constituer un gouvernement régulier dont la Convention sera le siége, dont les Jacobins seront la voix, dont les Comités seront les bras, et dont il sera, lui, le chef inviolable, d'autant plus inviolable qu'il gouverne *sans le paraître.*

Absolument comme nos terroristes de contrefaçon moderne, pour qui la République consiste en une tyrannie secrète et occulte, dissimulée derrière tant de comités, de commissions et de « délégués » qu'elle ne se révèle point aux yeux du vulgaire et se cache lâchement sous les libertés les plus fallacieuses ainsi qu'un serpent sous les fleurs.

Mais revenons à Robespierre... De ce rêve ambitieux qu'il nourrissait évidemment, certains panégyristes — Louis Blanc entre autres — lui ont fait honneur. Pourquoi?

Faut-il prendre au sérieux ce goût tardif de Robespierre pour la clémence et la modération? Ce subit revirement, ce retour inattendu aux notions de justice et d'ordre étaient-ils donc consciencieux, sincères?

N'était-ce pas plutôt la dernière illusion de son orgueil, le dernier effort de sa dissimulation?

Faut-il plaindre celui qui, après avoir opprimé sans pitié ni trêve, fut à son tour opprimé? Celui qui fut trahi par les siens après les avoir trahis?

Dans la victime de Thermidor, est-il possible de voir autre chose qu'un futur despote pris à son propre piége?

Non!

Robespierre fut puni par le coup d'État de Thermidor d'une politique toute de coups d'État. L'intimidation qu'il évoquait depuis si longtemps se dressa tout à coup sinistre et vengeresse devant lui. La Terreur lui avait donné, comme au bourreau, une cour et des flatteurs. Elle ne lui laissa pas un ami, et l'heure fatale venue, il se trouva seul.

Hélas! Tous ceux qui, un jour, eussent pu le soutenir et le défendre, ne les avait-il pas lui-même sacrifiés sur l'autel sanglant de la patrie? Où étaient les Dupont, les Barnave, les

Bailly? Où étaient les Girondins? Où étaient les Hébert, les Chaumette, les Danton, les Camille Desmoulins, les Fabre d'Églantine?

Morts sur l'échafaud du Comité de salut public!

De toutes les premières gloires de la Révolution, de tous les organisateurs, de tous les orateurs, de tous les journalistes des premières et fières années, combien restaient debout? Pas un! Robespierre les avaient sacrifiés tous à son ambition d'avenir, à sa politique tortueuse et personnelle.

Seul, entre Couthon et Saint-Just, Robespierre pouvait impunément profiter de leurs idées, de leurs actions, de leurs projets, s'envelopper enfin dans cette popularité dont lambeau par lambeau il les avait dépouillés pour s'en faire un manteau souverain.

Sans contredit, si en juin 1794, Robespierre voulut changer de système et revenir à la clémence et au droit humain, il le voulut par orgueil ou par peur. Il voulut jouir du triomphe ou en atténuer l'horreur. Le char sanglant et armé de faux de la révolution menaçait de lui passer sur le corps; il chercha à l'arrêter...

Mais Robespierre, tout-puissant qu'il fut, n'était qu'un homme et il avait, l'insensé! élevé la destruction à la hauteur d'un principe.

Il fut victime de son principe.

A la suite du coup d'État — ou plutôt du guet à pens — du 9 thermidor, Tallien, Fréron, Barrère devinrent des héros, presque de grands hommes. Si Robespierre, au lieu de se laisser surpendre, les avaient devancés, les acclamations eussent été plus unanimes et plus chaleureuses.

Mais quoi! Il ne sut pas, il n'osa pas! Il tira de sa poche un discours, alors qu'il fallait, comme Tallien, tirer un poignard. Il parla quand il fallait agir et discuta au lieu de combattre.

Il attendit le coup de pistolet de Méda, comme s'il l'eût

prévu ; et le réquisitoire de Fouquier-Tinville, et les insultes de tout un peuple et la mort ignominieuse de la guillotine, comme s'il se fût absolument préparé à la chute.

S'il fallait, d'homme à homme, rétablir les rapprochements des deux époques qui nous occupent jusque dans leurs éléments personnels, constitutifs de l'individu, le seul à qui l'on pourrait aujourd'hui comparer Robespierre, vous l'avez déjà nommé, c'est Ch. Delescluze.

Moins d'habileté et plus de naïveté confiante pourtant, chez Delescluze que chez Robespierre.

Et puis, il lui reste le dernier acte à jouer... Qui sait si le dénoûment qu'il prépare satisfera la foule, en attendant qu'il plaise à l'histoire?

CHAPITRE III.

———

« Qui a frappé par l'échafaud, périra par l'échafaud. »

Telle est la formule absolue de la Terreur de 1793.

Il est tout naturel, dès lors, que Danton, qui fut, indiscutablement, l'instigateur de la Terreur rouge, subît un des premiers ce retour de fortune et s'en allât retrouver aux sombres bords les malheureux que sans remords il y avait envoyés.

La première partie de la carrière de Danton — sans compter la période qu'il passa au barreau sans y faire grand bruit — est consacrée par lui à un travail d'intrigues occultes dont les fils emmêlés ne sont point d'un facile dévidage...

De nos jours, les façons d'agir de Danton semblent avoir servi de point de mire à un agitateur qui fut, de tout temps, le mauvais génie de la France contemporaine : nous avons cité Blanqui.

Conspirateurs prudents tous deux, ils restent dans la coulisse jusqu'au moment propice où le drame, suffisamment corsé, paraît plaire décidément — au peuple — ce public d'éternels gobe-mouches que l'on entortille de grands mots à peu près comme la corde cingle la toupie qui tourne, tourne... et tombe !

Danton est mort victime de ce peuple *tonton* qu'il fit, près de deux ans durant, si bien tourner à sa guise.

A moins que la maladie ne s'en mêle et ne l'enlève au juste

châtiment de ses crimes impolitiques, le même sort est réservé à Blanqui... Qu'il en accepte l'augure, et puisse cette facile prophétie lui être légère !

Un jeune écrivain — ce n'est point Dumas fils — a, de nos jours, essayé de réhabiliter Danton... Mon Dieu ! qui ne parvient-on pas à réhabiliter un brin ?

Danton, qui avait su tuer, sut mourir à son tour... Et puis après ?

Le réhabiliterez-vous pour ses intrigues patentes au profit du parti d'Orléans ? Oublierez-vous que Lafayette et Saint-Just affirment qu'il était *payé* pour cela ? Le réhabiliterez-vous pour ses relations non moins sonnantes et trébuchantes avec les ministres de Louis XVI ? Sans compter les *Mémoires de Lafayette* et ceux de Levasseur, n'avons-nous pas, à cet égard, les révélations de M. Thiers (II, chap. VII), et les affirmations de M. Louis Blanc ?

Dans une lettre « destinée à ne jamais voir le jour » et publiée tout au long dans la *Correspondance de Mirabeau avec M De la Mark,* Louis Blanc cite le témoignage de Godefroid Cavaignac, frère du conventionnel de ce nom, lequel tenait l'anecdote de sa mère, et qui déclare que Danton dînant — avec Cavaignac et ses amis, se laissa aller à dire ces paroles monstrueuses :

« Mes amis, notre tour est venu de jouir de la vie ; les hôtels somptueux, les mets exquis, les étoffes d'or et de soie, *les femmes dont on rêve,* tout cela est le prix de la force acquise ? Après tout, voyez-vous, la Révolution n'est qu'une bataille, et son plus clair résultat est le partage, entre les vainqueurs, des dépouilles opimes des vaincus. »

Ah ! les terroristes de 93 étaient vraiment les modèles dont les communeux de 1871 devaient s'inspirer !

C'est de Danton que l'on peut dire surtout, avec Garat : — « Ah ! l'honnête homme ! Ah ! l'honnête homme, que ce grand seigneur de la sans-culotterie. »

— 71 —

Danton ne fut pas plus humain qu'il ne fut honnête.

En septembre 1792, pendant les massacres, Danton était ministre de la justice... Il laissa libre cours à cette immense débauche d'assassinats.

Bien mieux, le premier acte de ministre qu'il posa, fut la création du tribunal révolutionnaire. Il faut tout dire : ce tribunal ne se montra pas digne, tout d'abord, de la mission *régénératrice* qu'on entendait lui confier : il ne fournissait qu'une tête par jour, et encore fallait-il plaider, supplier, vociférer, menacer pour l'obtenir des juges, cette tête !

L'impatience populaire voulait supprimer toutes ces formalités *inutiles*. Entre l'arrestation et la décapitation on ne voulait pas d'entr'acte.

Le 27 août, eut lieu cette fête hideuse dont la pensée et l'organisation sera la honte de la mémoire de Sergent.

Le 28 août, Danton monte à la tribune de l'Assemblée :

« C'est par une convulsion, dit-il, que nous avons renversé le despotisme, ce n'est que par une grande convulsion nationale que nous ferons rétrograder les despotes. On a fermé les portes de la Capitale ; on a eu raison : il était important de se saisir des traîtres ; mais, y en eût-il trente mille, il faut qu'ils soient arrêtés demain. Nous vous demandons de nous autoriser à faire des visites domiciliaires. »

Le lendemain, trois mille personnes étaient arrêtées ; deux mille furent retenues sous les verrous.

Le surlendemain, à la réunion du *Comité de défense générale*, Danton prononça ces paroles significatives :

« Reculer, c'est nous perdre. Il faut donc nous maintenir ici *par tous les moyens*. Parmi les moyens proposés, aucun ne me paraît décisif. *Il faut faire peur aux royalistes.* »

En quittant l'Assemblée atterrée, surtout par le geste *exterminateur* dont Danton avait accompagné ces mots, il se rendit au *Comité de surveillance*. Ce fut là que, dans la nuit, d'horribles projets furent arrêtés. Là, Danton fut de l'avis de Marat.

Ainsi donc, bien loin d'enrayer le mouvement en avant des massacreurs quand même, Danton le favorisa, le dirigea, l'excita.

Il fait plus : du haut de la tribune, il exhorte la Convention à s'associer à ce « mouvement sublime du peuple. » C'est alors qu'il prononça ces paroles restées fameuses :

« Que quiconque refuse de servir de sa personne ou de remettre les armes, soit puni de mort... *De l'audace, encore de l'audace, toujours de l'audace, et la France est sauvée !* »

Le soir du 1ᵉʳ septembre, Danton, attablé avec de belles républicaines, Mesdames Desmoulins et Robert, trinquait galamment avec ces Grâces révolutionnaires.

A Grandpré, qui le suppliait de mettre fin au massacre, et de sauver les prisonniers restants, Danton répondait brutalement : — Je me f.... bien des prisonniers ; qu'ils deviennent ce qu'ils pourront ! »

A Mandar, qui lui demandait la répression énergique de ces saturnales du meurtre, Danton disait tranquillement : — « Sieds-toi. *C'était nécessaire !* »

A Brissot, déplorant la mort des innocents, Danton disait avec une fureur cynique : — « Il n'y a pas d'innocents. »

Danton signa la circulaire homicide de la Commune conviant la France à imiter Paris.

Danton harangua les assassins d'Orléans revenant d'*abattre* ceux qui leur étaient confiés.

Danton avait la force, comme Robespierre avait l'autorité.

CHAPITRE IV.

————

Nous allons à présent, si vous le voulez bien, voir un autre de ces héros de 1793... Celui-ci, élégant, spirituel comme Rochefort, comme lui homme de lettres avant tout, n'eut jamais ni l'autorité de Robespierre, ni la force de Danton.

C'est Camille Desmoulins.

« Celui qui savait aimer ainsi aurait dû deviner l'art de bien mourir. »

Telle est l'oraison funèbre qu'un écrivain français prononça en terminant une étude sur le rédacteur du *Vieux-Cordelier*.

Cette phrase commente la phrase dernière par laquelle Camille Desmoulins terminait sa lettre d'adieu à sa femme : « Adieu, ma vie, mon âme, ma divinité sur la terre! Adieu, Lucile, ma Lucile, ma chère Lucile!... Mes mains liées t'embrassent et ma tête séparée repose encore sur toi ses yeux mourants. »

Oui, « celui qui savait aimer ainsi aurait dû deviner l'art de bien mourir. » Par malheur, l'amour et la mort sont deux, et Camille Desmoulins, s'il *savait* l'un avec ses enchantements et ses rêveries profondes, ne connaissait de l'autre que l'horreur et la brutale réalité.

Camille Desmoulins mourut mal : il faiblit, fut presque lâche et se révolta comme un enfant devant le couperet de Guillotin.

En somme, il mourut comme il avait vécu. Son existence entière n'est que perpétuelle révolte contre les autres et contre lui-même; que faiblesses sans raison et palinodies sans but... A une époque où l'on ne pouvait moins que jamais prévoir l'avenir, Desmoulins eut le tort immense de ne pas même pouvoir pénétrer le présent.

On le voit, le *Mot d'ordre* descend en droite ligne de ce *Vieux-Cordelier*, qui jadis obtint un égal succès.

Camille Desmoulins naquit à Guise, en Picardie. Son père était lieutenant d'un bailliage. Camille, dès l'enfance, rêva un autre horizon; aussi prit-il son essor vers Paris, à l'âge le plus tendre. Il fit ses classes au collége Louis-le-Grand, où il se lia avec Robespierre.

Desmoulins avait un défaut de nature que ses premiers débuts au barreau ne corrigèrent point, quoi qu'il fît : il bégayait. Il fallut une grande émotion pour lui délier la langue...

C'était le 12 juillet 1789.

Un jeune homme, presque un enfant, sort du café Foy, au Palais-Royal. Il monte sur une chaise du jardin et se met à haranguer la foule, un pistolet dans chaque main : « Citoyens, s'écrie-t-il, je viens tout droit de Versailles : M. Necker est banni ; cette disgrâce est le tocsin d'une nouvelle Saint-Barthélemy de patriotes. Ce soir, les bataillons allemands et suisses descendront du Champ de Mars pour nous exterminer... Aux armes! Prenons des cocardes comme signe de ralliement. Quelle cocarde voulez-vous?

Quelqu'un cria : — Choisissez!

Et Camille reprit :

— « Voulez-vous le vert, couleur d'espérance? ou le bleu Cincinnatus, couleur de la liberté américaine et de la démocratie?

Des voix alors : — Le vert! le vert! La couleur d'espérance...

— » Soit! que tous les bons citoyens m'imitent donc.

Desmoulins, à demi étouffé sous les étreintes délirantes du peuple, descendit de sa chaise et orna son chapeau d'un large ruban vert qu'on venait de lui quérir. Il en distribua à ceux qui l'environnaient... Bientôt les rubans sont épuisés. Que faire? — « Prenons les feuilles » s'écrie le jeune tribun...

En un clin d'œil, les arbres du Palais-Royal sont dépouillés.

Deux jours plus tard, Camille Desmoulins, à la tête du peuple, assistait à la prise de la Bastille. Ce fut son premier acte politique.

Desmoulins était doué d'une sensibilité excessive, comme bien le prouve la phrase de la lettre testamentaire que nous avons citée tout à l'heure. Il pleurait facilement, trop facilement. Sur ce point, un homme politique de l'époque actuelle lui ressemble fort : nous avons nommé M. Jules Favre.

Mais Camille Desmoulins, comme tous les êtres sensibles par l'imagination plus que par le cœur, poëtes et rêveurs incorrigibles à qui manque sans cesse une volonté ferme, une foi sincère, Desmoulins fut, à ses heures, cruel, sanguinaire, injuste, odieux aux autres et à lui-même, maudissant, les remords venus, ses cruautés, ses injustices, ses violences sanglantes et pleurant sur ses erreurs en toute sincérité.

Du 12 juillet 89 au 5 avril 94 — jour de son exécution — il donna des preuves continuelles et singulières de cette sensiblerie toujours débordante. Larmes d'enthousiasme, larmes de rage, larmes de regrets, larmes de repentir et de remords, larmes de pitié et d'amour, larmes de femme et d'enfant maladif, Desmoulins les prodigua toutes. Il pleura beaucoup, ce révolutionnaire de la Terreur, il pleura trop.

Toute sa vie fut celle d'un grand comédien et pourtant qui lui eût dit qu'il ne sentait pas ce qu'il disait ou écrivait, lui eût certes fait injure... Il lui faut donc laisser sa part de responsabilité dans les drames politiques où il joua l'un des premiers grands rôles.

Robespierre, qui le connaissait du collége, le défendant un jour dans une séance des Jacobins, disait : — « J'engage Desmoulins à poursuivre sa carrière, mais je l'exhorte à n'être plus aussi versatile et à tâcher de connaître mieux les hommes de la Révolution.

C'était, en même temps, un conseil d'ami et une menace de compétiteur politique... Conseil et menace furent perdus pour Camille Desmoulins.

Après avoir signé, avec Danton, la pétition du Champ-de-Mars; après s'être paré, lui-même, du titre de « procureur général de la lanterne; » après avoir encensé le « divin » Marat; après avoir applaudi les septembriseurs, celui qui, de son propre aveu, se vantait d'avoir dressé par son pamphlet « *Brissot dévoilé* » l'échafaud des Girondins, celui-là trouva bon de revenir tout à coup à l'indulgence. Il recommanda l'installation d'un *Comité de clémence*, provoquant ainsi le renversement de la Terreur bien avant le moment déterminé par Robespierre !

Il faut tout dire : derrière Camille il y avait une femme, la sienne, celle-là même à laquelle il écrivait cette missive navrante dont nous avons cité un passage.

Il s'inspirait à la fois de Lucile, clémente par grandeur d'âme, et de Danton, clément par ambition et calcul politique. Un jour, le général Brune, son intime ami, dit à Camille, au sujet de cette pitié subite et outrée : « Tu te livres et tu ne sauves rien. » Ce à quoi la tendre et héroïque Lucile répliqua : « Qu'il sauve son pays aujourd'hui... Nous mourrons demain ! »

Sublime bravade d'une femme qui sut mourir devant un homme d'esprit que la mort épouvanta.

Camille Desmoulins continua à jouer au Tacite, dans sa feuille du *Vieux-Cordelier*, son *Père Duchesne* à lui. Si bien qu'une seconde fois il revint, en accusé, aux Jacobins. Robespierre, cette fois, conclut à brûler les écrits du pamphlétaire.

— Brûler n'est pas répondre! s'écria Camille.

— Que répondre, répliqua son ancien camarade de collége, à des pages qui font les délices des aristocrates?

— Ici, tu me condamnes, fit Desmoulins, et pourtant chez toi, où je te lus ces lignes, tu m'approuvas.

— Tu ne m'as pas tout montré, et comme je n'épouse aucune querelle, je ne voulus point lire les autres. On n'aurait eu qu'à dire que je te les avais dictées!

Lâcheté d'un côté, mépris de l'autre... Robespierre livrait ainsi le *Comité de clémence*, Danton et Desmoulins, au Comité de salut public.

CHAPITRE V.

Si plus d'un point de rapport existe entre la vie agitée, la politique fébrile de Camille Desmoulins et le socialisme nerveux de Rochefort, voici un farouche qui a fait même école encore, c'est le terrible Hébert, l'homme aux fourneaux.

Après le *Vieux-Cordelier*, le *Mot d'ordre ;* après le *Père Duchesne*, le *Père Duchesne !*

L'influence du *Père Duchesne* sur le peuple fut immense, et l'on peut dire qu'il fut véritablement l'oracle des classes populaires, qu'il inspira et guida, leur parlant son langage, en leur soufflant les velléités premières d'indépendance républicaine et de démocratique affranchissement.

Qu'était-ce que le *Père Duchesne?*

Qui l'ignore?

Un journal à un sou, plutôt un pamphlet quotidien, composé de plusieurs feuillets — huit au plus — et rédigé dans ce style imagé, pittoresque et grossier, qui est celui des porte-faix et des chiffonniers.

Est-ce tout?

Non pas. Sous ce style à l'emporte-pièce qui était *voulu* et du reste très-réussi dans son genre, il y avait une forte dose d'esprit naturel et plus encore de philosophie réaliste, sous les apparences modestes du simple bon sens d'un chacun.

Paul-Louis Courier a dit du pamphlet que c'est une ou plusieurs feuilles de papier noirci qui viennent on ne sait d'où, vont on ne sait où et se trouvent partout...

Tel était le *Père Duchesne*, avec cette différence en plus en sa faveur, qu'il s'adressait à tous, lettrés ou non et que le prolétaire qui en écoutait attentivement la lecture au coin du trottoir, les pieds dans le ruisseau et les épaules frissonnant sous la bise, le comprenait aussi bien que le républicain de bon ton qui le parcourait distraitement les pieds sur les chenets.

Courier fut l'écrivain des républicains policés et raisonneurs; Hébert était l'initiateur des masses brutales aux aspirations de liberté et de revendications humanitaires.

Hébert et le *Père Duchesne* ne font qu'un; celui-ci était incarné en celui-là. Il vécut pour son œuvre, et pour son œuvre il mourut.

Cependant Hébert n'était point le créateur proprement dit, l'inventeur du *Père Duchesne*. Voulant répandre dans le peuple les principes révolutionnaires, les constitutionnels avaient créé déjà une feuille quotidienne sous ce nom. Le *Père Duchesne* original était rédigé de façon assez incolore, bien que ses pages fussent émaillées des « *bougres* » et des « *foutres* » obligés, par un ex-employé des postes, du nom de Lemaire. Le succès de cette première tentative chagrina les montagnards et les hommes du 10 août, qui créèrent un nouveau *Père Duchesne*, décalque absolu de son prédécesseur.

Ce fut Hébert, alors à peu près inconnu, qui se chargea de la rédaction de la feuille concurrente.

Comme Hébert venait de sortir du collége et d'entrer dans la vie, une histoire scandaleuse faisait le sujet de toutes les conversations d'Alençon, sa ville natale. Il s'agissait d'une aventure d'amour, compliquée d'une tentative d'assassinat.

Un médecin d'Alençon avait, par *pur* et unique motif de jalousie, tenté d'empoisonner un malheureux garçon pharmacien.

Hébert écrivit contre le susdit docteur une virulente diatribe, un *placard*, comme on disait alors. Le bailliage d'Alençon qui, paraît-il, ne plaisantait pas, prononça contre Hébert une sentence de bannissement. Cette sentence fut annulée par le Parlement de Rouen, mais Hébert n'en jugea pas moins prudent de se refugier à Paris.

Il y vécut longtemps misérable, tirant — comme il disait lui-même — « le diable par la queue, » vivant d'expédients et d'emprunts. Il faut lui rendre cette justice qu'il paya rigoureusement ses dettes plus tard et se montra toujours fort reconnaissant envers ceux qui l'avaient aidé de leurs bons offices ou de leur bourse, en ce moment critique.

Hébert obtint enfin la place de contrôleur en chef et de secrétaire, au théâtre des Variétés comiques, alors situé au Palais-Royal.

Mais c'est de la création du *Père Duchesne* que date sa fortune. Le succès de ce pamphlet, confié aux soins d'Hébert, fut réellement prodigieux ; son tirage se maintint presque constamment à *quatre-vingt mille*, ce qui est colossal pour l'époque.

La vente du *Père Duchesne* produisit net, à Hébert, un peu plus de *trente mille francs!* Il dut également au succès inespéré de son œuvre la place de substitut du procureur-syndic de la Commune.

Jacques Hébert faisait partie du club influent des Cordeliers ; il en était même l'un des orateurs les plus écoutés.

Cependant, s'il prit une part active et bien évidente aux événements du 10 août, il n'est nullement prouvé, quoi qu'on en ait dit, qu'il participa aux massacres de septembre.

Un des côtés les plus curieux de ce curieux caractère, c'est, sans contredit, la haine innée qu'il avait vouée personnellement à Louis XVI et aux siens. La déposition d'Hébert, dans le procès de Marie-Antoinette, effaroucha la pudeur du tribunal révolutionnaire — et l'on sait s'ils étaient faciles à émouvoir, ces *juges de sang !* Le féroce Robespierre, lui-même, s'en montra indigné...

Au reste, plus l'échafaud se teignait de pourpre, plus le *Père Duchesne* « rigolait. » Il applaudit à l'exécution des Girondins ; il applaudit à la mort de Camille Desmoulins ; il applaudissait déjà au supplice, encore en expectative, de Danton et de Robespierre, lorsqu'il fut, à l'improviste, prévenu par ceux-ci !

C'est au *Père Duchesne* que l'on doit la profanation des églises et le trop fameux culte ridicule de la déesse Raison.

Comme si tout devait être contradiction dans Hébert, cet homme, immolé surtout comme prédicateur de l'athéisme, avait épousé une ex-religieuse de la Conception-Saint-Honoré, Jacqueline Goupille. Cette femme était spirituelle et pieuse ; elle avait conservé ses croyances religieuses et ses habitudes claustrales. Hébert la laissait en paix accomplir toutes les pratiques de la dévotion. La pauvre femme, mère de famille, n'en périt pas moins sur le même échafaud que son étrange époux, vingt jours après lui.

Ce fut le 4 germinal an XI, que cette *Marianne*, qu'il avait tant encensée, fit tomber la tête de Jacques Hébert.

Et comme on le menait à la guillotine, le peuple escortant la charrette qui le menait au dernier supplice, lui criait : « Ah ! foutre, il est bougrement en colère le père Duchesne ! »

Atroce ironie du sort, qui ne dut pas être pour Hébert le remords le moins cuisant...

En tête de chaque numéro de son pamphlet, le Père Duchesne était représenté, taillé en hercule, une plume d'une main, l'autre appuyée sur deux fourneaux, mal vêtu, débraillé, la pipe à la bouche...

Rien ne ressemblait moins à Hébert que cette image, espèce d'enseigne qui avait sa signification. Jacques Hébert était petit et fluet ; sa physionomie était fine et ouverte ; il était toujours mis avec une certaine recherche, s'exprimait avec élégance, et aimait à s'entourer de tous les conforts de la vie.

Eh bien, cet aimable et galant homme avait assisté — et de près, — au supplice de Louis XVI, et avait eu soin, en compagnie de quelques fanatiques de l'échafaud, de tremper dans le sang royal son mouchoir de poche !

Hébert, ami des arts, avait chez lui une splendide gravure, représentant le Christ en compagnie des deux disciples d'Emmaüs. Sous le cadre, le père Duchesne avait tracé ces mots, à la sanguine : *Le sans-culotte Jésus soupant avec deux de ses disciples dans le château d'un ci-devant.*

Hébert aimait à faire chère lie... Il dînait à six heures et dînait grassement. Un jour qu'il avait convié un ami à sa table, un sans-culotte entra, sollicitant bruyamment une place de concierge de prison. Hébert promit la place et trinqua avec le solliciteur, ne lui ménageant pas les « bougres » et les « foutres. »

Quand il fut parti, Hébert se tournant vers son convive, lui dit en criant : « Vous voyez *Monsieur*, que ce patriote s'adressait au Père Duchesne, et vous avez entendu que c'est le Père Duchesne qui lui a répondu. A l'Hôtel de Ville et en fonctions, j'ai, comme dans le monde, un tout autre langage. Je suis même du petit nombre d'hommes du 10 août qui ont conservé leur coiffure et un costume décent. Les sabots de Chaumette ne produisent pas sur le peuple l'effet que Chaumette en attend. »

Le *Père Duchesne*, nous l'avons dit, n'était pas précisément un journal. Les nouvelles à la main, les *Faits Paris* y étaient introuvables. C'était un discours, une exhortation, une diatribe, sur un sujet à l'ordre du jour.

L'œuvre entière consiste en trois cent cinquante-cinq numéros, dont la collection complète est devenue une rareté hors prix.

Nous avons également dit tout à l'heure que le style plus qu'énergique du *Père Duchesne*, sorte de faux nez destiné à attirer l'attention des masses, cachait parfois des idées saines **et justes.**

Le passage suivant, sur l'instruction de la jeunesse, extrait de l'un des numéros de cette feuille légendaire, en donnera un exemple :

« Ce n'est qu'avec des lois sévères, et surtout par l'éducation, que l'on corrigera les vices et que les bonnes mœurs s'établiront ; mais attendons peu de ceux qui ont sucé le lait du despotisme et qui ont croupi sous l'esclavage. Les hommes sont comme les arbres : celui qui a été planté par un bon cultivateur, qui a été greffé à temps, dont les rameaux ont été émondés, dont une main salutaire a éloigné toutes les plantes vénéneuses ou parasites qui auraient dévoré la séve, croît à vue d'œil et rapporte bientôt d'excellents fruits. Mais le triste sauvageon qui se trouve jeté au hasard sur une terre stérile, et qui est abandonné à lui-même, est étouffé par les épines ; les chenilles le dépouillent de sa verdure, et il se dessèche sans rien produire.

Non, *foutre !* non, jamais on n'aura de bons généraux, de bons magistrats, jusqu'à ce qu'une bonne éducation ait réformé les hommes ! Empressons-nous donc de former nos enfants sous les principes républicains. Que leurs mères soient leurs nourrices, la nature l'ordonne ; que les premiers mots qu'elles leur feront balbutier soient ceux de *liberté* et d'*égalité* ; que leurs vieilles grand'mères, au lieu de leur apprendre des contes de fées et de revenants, leur racontent, dès le berceau, tous les crimes des rois... aussitôt que l'enfant républicain marchera, *foutre !* qu'il soit placé dans les écoles publiques, où on lui apprendra avec l'A, B, C, la constitution ; ce sera là son premier catéchisme. »

On le voit, les mots *sans-culottes* n'émaillaient le style du *Père Duchesne* que comme un condiment obligé dont il ne faisait point abus, du reste...

Nous pouvons d'autant mieux comprendre aujourd'hui le succès de la feuille Hébert en parcourant les pages, uniquement grossières, de son successeur — car la révolution de

Montmartre a ressuscité le *Père Duchesne* comme celle de 1848, du reste. C'était écrit !

Voici un extrait édifiant du *Père Duchesne* — on a changé sans doute par ignorance l'orthographe du nom — en date du 24 *germinal an* 79, soit 24 mars 1871 :

« Ah ! foutre ! c'est le Père Duchêne qui était en colère hier soir.

Oui ! le Père Duchêne !

Qui pourtant d'habitude n'est pas bien méchant,

Et, foutre ! fait tout son possible pour donner de bons conseils aux patriotes,

Quoique certains jean-foutres disent que c'est un infâme !

L'infâme Père Duchêne !

C'est le mot qu'ils redisent tous.

L'infâme Père Duchêne !

Parce qu'il parle juste, et qu'il flétrit à son aise les jean-foutres qui nous ont trahis.

Qu'a-t-il dit, depuis un mois qu'il existe, le Père Duchêne ?

Qu'a-t-il dit ? foutre !

Toujours la vérité,

Franche sans se gêner ; parce que, ce qu'il a le plus en horreur, ce sont les traîtres à la Patrie et à la République !

Foutre, foutre ! les bons patriotes le lisent et l'aiment,

Parce qu'il est honnête,

Et qu'il cherche à ouvrir les yeux aux bons bougres que les jean-foutres ont trahis depuis le 4 septembre, et qu'aujourd'hui ils assassinent !

Ah, oui ! il était en colère cette nuit, le Père Duchêne ;

Car c'est lui qui, hier, a ouvert le feu !

Et il tonnait crânement !

Ah ! comme il était content aussi,

De démolir tous ces roussins qui venaient nous assommer avec leurs casse-têtes.

Comme sous Badinguet, foutre !

Car il faut que vous le sachiez, patriotes, les bons bougres du bastion des Ternes ont donné à un de leurs canons le Père Duchêne pour parrain !

Il ne laisse pas les bons patriotes aller se faire casser la gueule par les gendarmes !

Non, foutre !

Ça ne serait pas bien !

Le Père Duchêne est de la bataille,

Il en a déjà été, et foutre ! il espère bien en être encore !

Et vous pourrez voir son bon bougre de canon tous les jours en passant, patriotes.

Qui allonge au-dessus du bastion sa grosse gueule de bronze,

Qui, nom de nom, parle fort,

Et crache juste, allez !

Il est là, qui dort au soleil, couché sur son affût,

Et c'est lui qui a donné hier le signal, le canon du *Père Duchêne !*

Et voilà que tous les autres, qui n'avaient pas encore parlé, ont répondu.

Et, foutre ! ça n'a plus été qu'une sacrée pétarade,

Que vous avez tous entendue, patriotes,

Et qui, foutre ! n'était pas piquée des vers !

Comme on leur en a foutu une de ces brossées, aux jean-foutres !

Comme on a écrasé tous ces roussins de malheur !

Comme les patriotes ont vengé nos braves amis Flourens et Duval, et tous ceux qui sont morts, lâchement assassinés,

Morts pour la Révolution sociale,

La Sociale, foutre !

La Commune, le Drapeau Rouge. »

Ce n'est plus seulement de la brutalité populaire, et le bon sens n'a plus rien à voir dans ces divagations coupables. C'est de l'hystérie littéraire !

D'ailleurs, ce *Père Duchêne* de carrefour est rédigé par un jeune homme du nom de Vermersch, auteur ordinaire de brochures érotiques, viveur émérite, qui ne vit en cette affaire qu'un moyen de « refaire ses fonds. »

Il y parvint, sans doute, car le *Père Duchêne* de 1871 eut — n'est-ce point navrant à dire — presque autant d'influence que le *Père Duchêne* de quatre-vingt-treize ; seulement, Hébert était Français ; Vermersch est Belge.

C'est une excuse... pour la Commune.

LA RÉVOLUTION DE DEMAIN.

Elle se nommera la contre-révolution.

Après Paris, Versailles.

Après le règne éphémère de la Cour des Miracles à l'Hôtel de Ville, surgira du sépulcre blanchi de Versailles le fantôme de la *Réaction*, blême, échevelé, furibond, inexorable.

Paris et Versailles, les Communeux et les Ruraux, sont des frères siamois, enfantés le même jour; l'existence de l'un se relie à celle de l'autre, au point qu'ils se copient et se reproduisent d'une façon inconsciente et presque providentielle.

Tous deux sont tour à tour cause et effet.

Tous deux tendent fatalement au même but :

LA TYRANNIE !

La Terreur, voilà leur système.

Terreur rouge. — Terreur blanche.

Leurs moyens sont les mêmes.

Cependant, la Terreur blanche est plus néfaste, plus mortelle.

La Terreur rouge est brutale, criarde, bravache et loquace. Pleine de forfanterie cynique, elle proclame ses actes iniques, s'en prévaut et les exagère volontiers. Elle se grise des ruines qu'elle fait, et plus encore de celles qu'elle s'imagine avoir faites.

La Terreur blanche, c'est la silencieuse.

Deux fois depuis 93, elle a fauché en France une moisson humaine effroyable. Ce fut une mer de sang ; nul n'a jamais compté ses victimes. Elle ne les a pas jugées pour ne pas parler.

Elle a tué ! tué ! tué !

En 1871, elle ne tuera plus.

Si de Maistre vivait aujourd'hui, il n'oserait plus glorifier le bourreau comme il l'a fait, et en faire le *« lien de l'ordre social. »*

La Réaction blanche, pareille à sa hideuse compagne, n'osera recourir au meurtre.

La Commune n'a pu empêcher que le peuple, dans son admirable instinct, ne brûlât la guillotine, pour que nul n'osât la relever.

Versailles, par hypocrisie, — par prudence peut-être, — sanctionnera l'abolition de la peine de mort.

A quoi bon tuer les corps ?

Cela se peut-il, d'ailleurs ?

Aujourd'hui, l'armée de la Liberté s'appelle : Légion.

Les bourreaux se lasseraient. Mieux vaut tuer l'esprit.

Ce que la Commune a commencé, Versailles l'achèvera.

La Commune a comprimé, bâillonné la justice et le droit.

Versailles les garrottera.

Il respectera le corps.

Il tuera l'âme.

Sans liberté, la France n'est qu'un corps sans âme.

Versailles veut en faire un cadavre.

89, 93, 1830, 1848, 1849, et le 4 septembre 1870.

Autant de dates, autant de revanches à prendre !

Et l'Europe ?

L'Europe secondera la réaction.

Déjà, elle l'appelle de ses vœux liberticides.

Nous verrons, dans un doux accord, tous les gouvernements *forts* se donner la main et tendre un vaste filet, à mailles serrées, au grand parti de la liberté !

— « Profitons de l'occasion » — murmure-t-on, dans les conciliabules de Vienne, de Berlin, de Saint-Pétersbourg, de Versailles !

Les peuples de l'Europe, saisis d'épouvante, contemplent, terrifiés, le travail de dissolution accompli en peu de jours, à Paris, en France, par l'INTERNATIONALE,

C'est l'heure de les surprendre.

Sous prétexte de mesures préservatrices et défensives, enchaînons-les au rocher du militarisme.

Des armées permanentes colossales accompliront l'œuvre du vautour qui s'acharnera aux flancs de ce Prométhée immortel ; elles l'épuiseront matériellement.

Des lois contre la presse et le droit d'association ; des lois d'espionnage et de surveillance universelle lui ôteront la force nécessaire pour secouer, comme Samson, les chaînes dont on l'avait chargé pendant son sommeil.

On fera une nouvelle édition, revue, corrigée et augmentée, des résolutions de Carlsbad. Cette œuvre de la Sainte-Alliance de 1815, on l'étendra à l'Europe, qui ne sera plus qu'une vaste nécropole, jusqu'au jour où retentira la trompette du jugement dernier de la révolution vraie.

Celle-ci ne se contentera pas de promettre la liberté, elle la donnera pleine et entière, sans restrictions aucunes, aux uns et aux autres, aux opprimés comme aux oppresseurs.

Mais, en attendant, que de mauvais jours ! que de souffrances ! que de larmes ! que de désespoirs !

Voilons la statue de la Liberté et regardons passer la contre-révolution !

LE LIVRE NOIR

DE LA

COMMUNE DE PARIS

(DOSSIER COMPLET.)

L'INTERNATIONALE DÉVOILÉE.

BEAU VOLUME IN-18 CHARPENTIER DE 360 PAGES.

Prix : 3 francs.

Sommaire.

La Commune. — Ce qu'elle fut, ce qu'elle est, ce qu'elle doit être. — État de Paris après le siége. — Le Mont Aventin. — Le gouvernement des inconnus. — **L'Internationale dévoilée.** — L'assassinat de la rue des Rosiers. — Les séances du Comité central. — Ses dissensions. — Les élections. — La place Vendôme. — La fusillade de la rue de la Paix. — Les Prussiens et les Communiers. — La Commune proclamée. — Biographie des membres de la Commune. — Les séances de l'Hôtel de Ville. — A Versailles! — Curieux décrets. — Les proclamations révolutionnaires. — Les dieux de la démocratie. — Les mystères de **l'Officiel.** — La presse sous le régime des communeux, communiers et communistes. — Le **Père Duchêne.** — La question des loyers et la question des échéances. — Les émeutières. — Les prêtres. — Les artistes. — Courbet et la colonne Vendôme. — Le drapeau rouge. — La guillotine. — Le régicide. — Les réquisitions. — **Les papiers secrets de la défense nationale.** — La conciliation. — Le droit communal et le projet de loi de Versailles. — Paris ville libre.